John the Evangelist

福音書のヨハネ イエスを語る

Ryuho Okawa
大川隆法

まえがき

イエスが十字架にかかった時に、イエスの母マリアと共に、師の最期《さいご》を視《み》ていたと思われる「福音書のヨハネ」の霊言である。

現代ではキリスト教でも実際に奇跡が起きたのかどうか、科学的実証精神とよくぶつかっているようである。それゆえ、イエスの数々の奇跡の話も神話的・象徴的に解釈しているクリスチャンも数多いようである。

当会でも実際に数多くの奇跡が起きているので、かなりの部分は歴史的事実でもあったろうと思う。

ただヨハネの福音書の特徴《とくちょう》は、「マタイ」「マルコ」「ルカ」などの共観《きょうかん》福音書と比べても、言葉が非常に霊的であることだと思う。「私は世の光である」「私は門である」「一粒の麦は……」「私は復活であり、命である」などは、私の海外英語講演でも自然に流れ出してくる言葉である。

信仰は、証明の問題ではなく、「言葉を信じるかどうか」なのだと思う。

二〇一五年　一月八日

幸福《こうふく》の科学《かがく》グループ創始者兼総裁《そうししゃけんそうさい》　大川隆法《おおかわりゅうほう》

福音書のヨハネ　イエスを語る　目次

福音書《ふくいんしょ》のヨハネ　イエスを語る

二〇一四年五月十五日　霊示《れいじ》
東京都・幸福の科学総合本部にて

2

「イエスの修行《しゅぎょう》時代」を語る　41

10

ヨハネが語る「転生輪廻《てんしょうりんね》」 131

11

キリスト教徒、イスラム教徒へのメッセージ 155

「霊言現象《れいげん》」とは、あの世の霊存在の言葉を語り下ろす現象のことをいう。これは高度な悟《さと》りを開いた者に特有のものであり、「霊媒現象《れいばい》」（トランス状態になって意識を失い、霊が一方的にしゃべる現象）とは異なる。外国人霊の霊言の場合には、霊言現象を行う者の言語中枢《ちゅうすう》から、必要な言葉を選び出し、日本語で語ることも可能である。

なお、「霊言」は、あくまでも霊人の意見であり、幸福の科学グループとしての見解と矛盾《むじゅん》する内容を含《ふく》む場合がある点、付記しておきたい。

福音書《ふくいんしょ》のヨハネ　イエスを語る

二〇一四年五月十五日　霊示《れいじ》
東京都・幸福の科学総合本部にて

福音書《ふくいんしょ》のヨハネ（一世紀ごろ）

イエスの十二使徒《しと》の一人。ガリラヤ地方の漁師ゼベダイの子でヤコブの兄弟。伝統的には『新約聖書《しんやくせいしょ》』の「ヨハネによる福音書」や「ヨハネの手紙」の筆者とされる。ペテロに次《つ》ぐ高弟《こうてい》であるとともに、「イエスが最も愛する弟子《でし》」といわれ、光り輝《かがや》く姿で旧約預言者《きゅうやくよげんしゃ》と対話する奇跡《きせき》（キリストの変容）をはじめ、「ゲッセマネの祈《いの》り」「最後の晩餐《ばんさん》」「イエスの帰天《きてん》」等の場面に立ち会った。

質問者　※質問順

綾織次郎《あやおりじろう》（幸福の科学上級理事 兼《けん》「ザ・リバティ」編集長）

金澤由美子《かなざわゆみこ》（幸福の科学指導研修局長）

斎藤哲秀《さいとうてつしゅう》（幸福の科学編集系統括《とうかつ》担当専務理事）

［役職は収録時点のもの］

1　イエスが最も愛した弟子《でし》、福音書《ふくいんしょ》のヨハネを招霊《しょうれい》する

真のイエス像を「福音書《ふくいんしょ》のヨハネ」の霊《れい》に訊《き》いてみる

大川隆法　今日は当初、あさってに予定されている説法《せっぽう》（二〇一四年五月十七日、幸福の科学中部正心館法話《しょうしんかんほうわ》「愛が時代を動かす」。『自由の革命』〔幸福の科学出版刊〕第2章に所収）で、「何かイエ

『自由の革命』
（幸福の科学出版）

ス系の話、愛の話をしてほしい」という依頼《いらい》を受けていたため、「キリスト教系の本でも読もうか」と思っていたのです。

しかし、すでに本になっているものには、過去二千年、いろいろと積み重なって固まってきたものが書かれている場合が多いので、それらを読んで覚えたり刷り込《こ》んでしまったりすると、かえってよくないことのほうが多いのではないかという気持ちもあります。

昨日《きのう》も、日本神道《しんとう》の始まりのころのお話をしていたのですが（二〇一四年五月十四日に収録された月読命《つくよみのみこと》の霊言《れいげん》。「日本超《ちょう》古代史探究　『月読命』とは何か」）、ああいう『日本書紀《にほんしょき》』や『古事記《こじき》』のような内容は、いわば、『聖書《せいしょ》』の「福音書《ふくいんしょ》」に当たる部分でしょう。

そこで、「現に遺《のこ》っているものを、どうのこうのと議論するより、その著者と言われている人の霊を直接呼び出して訊《き》いたほうが早いのではないか」という感じがして、本日は、「福音書のヨハネ　イエスを語る」というテーマで行うことにしました。

その内容によっては、『聖書』の書き直しになる部分が出てくるかもしれませんが、真のイエス像を知りたいと考えています。

「イエスの奇跡《きせき》」を信じずに〝クリスチャン〟を名乗る現代人

大川隆法　そのスタートとして、先般《せんぱん》（二〇一四年三月十二日）、曽野綾子《そのあやこ》さんの守護霊《しゅごれい》霊言を録《と》り、今、本を印刷中ですが（『スピリチュアル・

『スピリチュアル・メッセージ　曽野綾子という生き方』（幸福の科学出版）

メッセージ　曽野綾子という生き方』（幸福の科学出版刊））、「結局、イエスの奇《き》跡《せき》が信じられない」というようなことを言っていました。

二千年たった現代では、クリスチャンの作家であっても、そういう感じです。同じくクリスチャン作家である●遠藤周作《えんどうしゅうさく》さんの霊に訊《き》いてみても、やはり、奇跡のところは信じていないようでした（二〇一四年四月二十二日収録「遠藤周作の霊界談義《れいかいだんぎ》――新・狐狸庵閑話《こりゃあかんわ》――」）。「祈《いの》っても応《こた》えないキリスト」という感じを持っているようでしたので、それが「二千年後の真実」かと思います。

すなわち、「福音書」を丸ごと信じるのであれば、そこでは「奇跡が起きた」ということになっているのですが、それを信じている人はほとんどいません。それでも、キリスト教を信じるクリスチャンを名乗っているわけです。

もっと言えば、ローマ法王にも、それを信じているかどうか訊いてみたいも

●遠藤周作（1923 ～ 1996）小説家。『白い人』で芥川賞受賞。日本の精神風土とキリスト教との相克をテーマに、数多くの作品を発表。主著『海と毒薬』『沈黙』『女の一生』『深い河』等。

のですが、あるいは信じていない可能性もあります。「二千年前にはあったかもしれませんが、今では信じられません」と言うかもしれないのです。

ヨハネの霊言《れいげん》収録によって、〝別の福音書《ふくいんしょ》〟づくりを試みる

大川隆法　今述べたように、キリスト教は全体的にぼんやりとしているので、すでに、一種の「神話の世界」に入っているのではないでしょうか。
ただ、『聖書』は、『古事記』『日本書紀』と比べれば記述が比較《ひかく》的細《こま》かく、小説か文学でも読むかのように人物や事件の描写《びょうしゃ》がされているので、完成度としては高いと思います。それが、最初からそうであったのか、バチカン等で正式に認定されるまでに、何度も何度も手が入ったり書き加えられたりして、現

在のように固まってきたのかについては分かりませんが、文章だけを見れば、それは、日本の『古事記』『日本書紀』よりも近・現代的な書き方がされているでしょう。したがって、ストーリーとしてはよく分かるようにはなっています。

そんなわけで、今日は、「福音書《ふくいんしょ》のヨハネ」をお呼びすることにしました。

現代人はみな、「本当のイエスはどんな人だったのか」ということを想像するしかありませんし、書かれたものを読む以外に知る手立てがありませんが、「福音書」を書いた十二弟子《でし》のヨハネの眼に、イエスがどう見えていたのかを霊言《れいげん》として録《と》ることによって、〝もう一つ別の福音書〟をつくれないかと考えている次第《しだい》です。

ヨルダン川でイエスに洗礼《せんれい》を授《さず》けた「バプテスマのヨハネ」

大川隆法　「ヨハネ」という名前の人はけっこういるため紛《まぎ》らわしいのですが、もう一人、みなさんがご存じの人物としては、「バプテスマのヨハネ」（洗礼者《せんれいしゃ》ヨハネ）もいるでしょう。英語では「ジョン・ザ・バプティスト」といいます。

このヨハネは、ヨルダン川で水にて洗礼を施《ほどこ》していた人で、後世、さまざまな描き方をされていますが、一種の新宗教だったと思います。現在のキリスト教にも、その伝統を受け継《つ》ぎ、水のなかに体をザバッと浸《つ》けて洗礼する方法（浸礼《しんれい》）がありますけれども、ヨハネは、ヨルダン川に浸けて洗礼をしていました。

イエスも、救世主としての仕事を始める前、バプテスマのヨハネのところで水による洗礼を受けましたが、ヨルダン川に身を沈《しず》め、水のなかから出たときに、聖霊《せいれい》が鳩《はと》のように下《お》りてきたと、『聖書』には書いてあります。これはかなり霊的な意味合いでしょうけれども、霊視《れいし》ができた方がいたのかもしれません。

その前にも少し不思議な話がなされていて、バプテスマのヨハネ自身が、「自分よりもあとから来る方のほうが偉大《いだい》だ。自分にはその靴《くつ》の紐《ひも》を解く値打ちもない」というようなことを言っています。これは、あとの弟子たちが書き加えた可能性もか

ヴェロッキオ作「バプテスマのヨハネによる洗礼」
（ウフィツィ美術館）

なり高いとは思いますが、「あとから来る方のほうが偉《えら》い」と言いつつ、洗礼を施しているわけです。

ただ、一般的に、「洗礼を施す」ということは、バプテスマ・ヨハネ教団に入信したかのようにも見える行為《こうい》ではあるでしょう。

実は親戚《しんせき》だったかもしれない「イエス」と「バプテスマのヨハネ」

大川隆法　ちなみに、どこまで正統な解釈《かいしゃく》なのかは知りませんが、以前、「宗教新聞」の編集長からインタビューを受けたときに、その人は、「イエスとバプテスマのヨハネは従兄弟《いとこ》同士なんだ」と断言していました。キリスト教界全体がそういう認識になっているのかどうかはつかみかねていますが、そのように解釈している一派もあるようです。

『聖書』には、聖母マリアがイエスを産む前に家を出て、戻《もど》ってきたときにはお腹《なか》が大きくなっていたというような話があったと思いますが、おそらく、親族のエリサベツの出産を手伝いに行ったのではないかと推定されます。このエリサベツがバプテスマのヨハネの母だとするならば、イエスとは同《おな》い年《どし》で、少しだけヨハネのほうが先に生まれたことになると思われます。

ただ、彼らが親戚でお互《たが》いのことを知っていたということであれば、イエスがガリラヤを出てからヨルダン川で洗礼を受けたシーンは、やや他人行儀《たにんぎょうぎ》すぎて〝変な感

ロヒール・ファン・デル・ウェイデン作
「洗礼者聖ヨハネの誕生」
(ベルリン絵画館)

じ〟がするのです。ヨハネが「あとから来る人のほうが偉い」と言ってみたり、「今は許せ」とイエスが言って洗礼を受けたりするあたりが他人行儀で、ややぎこちないように感じられるので、この真相のほどは十分によく分かりません。

いずれにしても、バプテスマのヨハネのほうが先行していたことは事実で、すでに教団ができていたわけです。

饗宴《きょうえん》の〝褒美《ほうび》〟のために首を刎《は》ねられた「バプテスマのヨハネ」

大川隆法　しかし、このヨハネは、やがてヘロデ王に捕《と》らわれ、牢獄《ろうごく》に入れられてしまいます。そして、ヘロデ王が饗宴《きょうえん》を催《もよお》したとき、娘《むすめ》の舞《まい》がたいへん見事だったので、「褒美《ほうび》として、何でも望むものを取らせるぞ」と言ったところ、娘は、「獄に入っているバプテスマのヨハネの首を下さい」と言うので、王は、「ちょっとこれはまずい」と思います。ヨハネの信奉者《しんぽうしゃ》がかなりいたため、「反乱が起きるかも分からん」と思ったのですが、娘と約束した手前、結局、「ヨハネの首を刎《は》ねよ」と命じ、お盆《ぼん》に載《の》せて持ってこさせたといわれています。

そのように、少々残酷《ざんこく》ながらも、一篇《いっぺん》の戯曲《ぎきょく》になるような話ではあります。

フィリッポ・リッピ作「ヘロデの宴」(プラート大聖堂礼拝堂)
サロメは踊りの褒美として、ヨハネの首を受け取った。

イエスに最も愛されていた弟子《でし》といわれる「福音書《ふくいんしょ》のヨハネ」

大川隆法　さて、その後、イエスが十二弟子《でし》をつくって伝道をし始めるわけですが、「福音書《ふくいんしょ》のヨハネ」のほうは、いわゆる十二弟子のペテロに次《つ》いで出てくる名前ではあるのです。

どうやら、イエスの弟子のなかでは、イエスにいちばん愛されていた人ではないかと推定されています。それというのも、「イエスは、自分が亡《な》くなったあとの母親を、このヨハネに託《たく》した」と思われているからです。

十字架《じゅうじか》に架かったイエスは、傍《かたわ》らにいた母と弟子に、「これはあなたの息子《むすこ》である。これはあなたの母である」と言ったという話がありますが、これが、

「自分が処刑《しょけい》されたあとに、母の面倒《めんどう》を見てくれ」と、ヨハネに後事《こうじ》を託したというように考えられているのです。

そのようなわけで、非常に信頼していた関係なのではないでしょうか。

キリスト教の福音書《ふくいんしょ》には「正典《せいてん》」と「外典《がいてん》」がある

大川隆法　『新約聖書《しんやくせいしょ》』における「福音書《ふくいんしょ》」として正式なものは四つほどあり、「マタイによる福音書」「マルコによる福音書」「ルカによる福音書」「ヨハネによる福音書」の「四大福音書」があります。このうち、ヨハネ以外のもの

ヤーコブ・ヨルダーンス作「四人の福音書記者」（ルーブル美術館）。（画面左から、マタイ・ヨハネ・マルコ・ルカ）

を「共観《きょうかん》福音書」といい、共通したものの見方で書かれていて、「ヨハネによる福音書」は、他の三つに比べて、より思想・神学が深められていると言われています。この四つが、キリスト教の基盤《きばん》をつくる福音書として正式に認められているものです。

この「四大福音書」と、伝道者の言行録《げんこうろく》である「使徒《しと》行録《ぎょうろく》」や「パウロの手紙」等で、『新約聖書』は出来上がっています。『新約聖書』に入っているこれらのものが「正典《せいてん》」で、これ以外にも、「外典《がいてん》」として、オーソドックスな教会ではまだ正式に認められてはいないものの、さまざまな「福音書」が存在します。

例えば、「トマスによる福音書」というもの

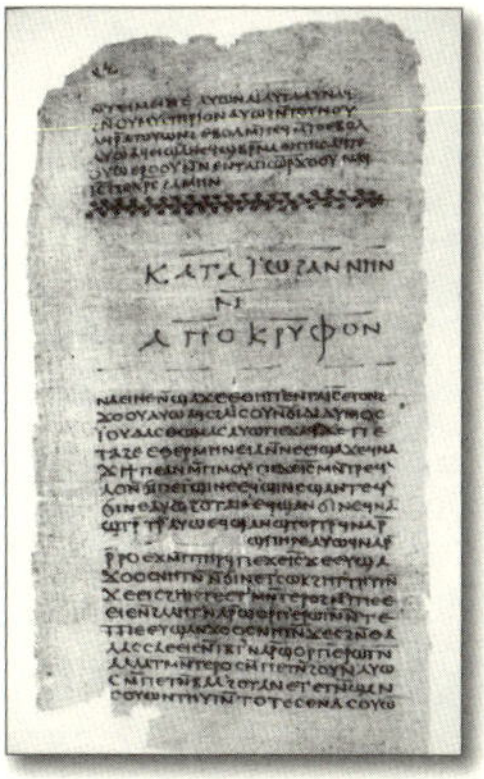

「トマスによる福音書」
イエスの言葉だけからなる「語録集」となっている。

もあります。この方も十二弟子の一人ですが、なぜか、「トマスによる福音書」は正式な福音書としては認められておらず、外典として出てきています。

あるいは、「マグダラのマリアによる福音書」というものも出てきますが、これも外典であって、正式には認められていません。

このへんのものは、エジプトで発掘《はっくつ》され、瓶《かめ》のなかから出てきた、羊皮紙《ようひし》に書かれた福音書ですけれども、正式には認められていないのです。

「マグダラのマリアによる福音書」イエスとの親密な様子のみならず、男性たちと並ぶイエスの弟子として描かれている。

クムラン洞窟 死海北西端沿岸近くにあり、1947年に第4洞窟で聖書関連文書が多数発見された。

恐《おそ》ろしい予言を象徴《しょうちょう》的なかたちで遺《のこ》した「黙示録《もくしろく》のヨハネ」

大川隆法　なお、福音書のヨハネのほかに、「黙示録《もくしろく》のヨハネ」という方が出てきますが、いちおう別人だと考えられています。

黙示録のヨハネのほうは、イエスが伝道したあとで弟子たちの時代になり、パウロが世界伝道として地中海周辺を伝道していたころ、地中海の島に住んでいた方のようです。

なぜ、あれほど重々《おもおも》しく扱《あつか》われるのか、その理由には分かりかねるものがあるのですが、黙示録のヨハネは、いわゆるノストラダムスの先駆《さきが》けともいうべき方で、恐《おそ》ろしい予言を、象徴《しょうちょう》的なかたちで数多く遺しました。「封印《ふういん》が次々

●黙示録のヨハネ　終末予言が述べられた『新約聖書』の「黙示録」を書いたとされ、「福音書のヨハネ」としばしば混同されるが、別人と考えられている。

と解かれていき、さまざまな災《わざわ》いが出てくる」という予言です。

この二千年間、その予言をめぐり、「象徴が何に当たるか」等について、いろいろな争いが絶えないところがあります。

有名な「666」という数字も、「ヨハネの黙示録」に出てくるものです。この「666」とは何かについて、昔は、「ネロ帝《てい》のことを意味する」と言う人もいました。つまり、「ネロがキリスト教徒を迫害《はくがい》することを予言したものだ」という見解です。

ただ、その予言はあとあとまで遺っていき、トルストイに至っては、『戦争と平和』のなかで「666」という数字の謎解《なぞと》きをして、「これはナポレオンのことだ」と言いました。確かに、フランスがロシアを攻《せ》めていましたから、ロシアから見れば、そう見えるかもしれません。フランスが悪魔《あくま》の勢力に見え

●ネロ（37～68）ローマ帝国第5代皇帝。「暴君ネロ」として知られる。初め哲人セネカからの後見で善政を行ったが、次第に放恣残虐となり、母・妻を殺害。「ローマ大火」をキリスト教徒の仕業として迫害した。

たので、「ナポレオンのことだ」と言ったわけでしょう。

ほかにも、「世紀末に現れる」というようなことも数多く言われています。

「エクソシスト」という映画にも、そのような者が出てきたと思います。

それから、ヨハネの黙示録には、「終末には、イエスが光る雲に乗って、もう一度現れる」という、再臨《さいりん》の予言も書かれていました。

いずれにしても、これは非常に謎かけ的な要素のあるものであり、予言的な解釈の余地のあるものだったので、この黙示録に類するものは数多く出て

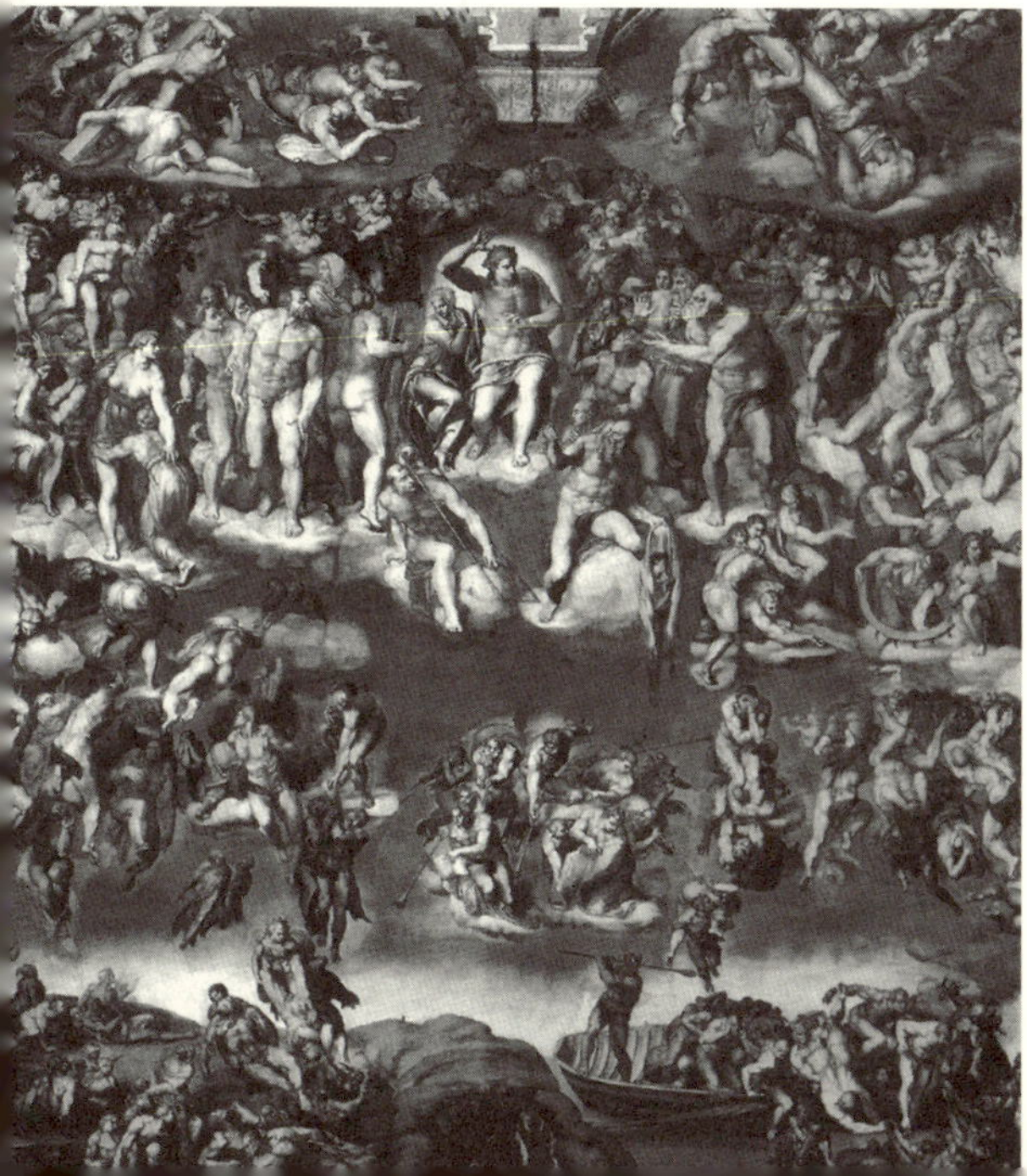

ミケランジェロ作
「最後の審判」(バチカン システィーナ礼拝堂)
画面左と右で善人と悪人のブロックに分かれている。

きたと思われます。

非常に霊的《れいてき》な感じに見える「福音書《ふくいんしょ》のヨハネ」

大川隆法　以上、ヨハネには有名な方が三人ほどいるわけですが、福音書《ふくいんしょ》のヨハネは、『聖書』を読むかぎり、かなり霊的《れいてき》な感じの人に見えます。要するに、書いているものについて、非常に霊的なバイブレーションが高く感じられるのです。書き出しが、「太初《はじめ》に言《ことば》あり」「言《ことば》は神なりき」というところから始まる福音書ですが、なかには、イエスによるさまざまな奇跡がたくさん書かれています。

例えば、目の見えない人が見えるようになったり、蹇《あしなえ》が治って立ち上がったりしました。さらに、「カナの婚礼《こんれい》」では、瓶《かめ》の口までいっぱいに水を注《そそ》ぎ、それをワインに変えたという話もあります。

そのように、ヨハネは、イエスの奇跡現象を数多く書いているのです。

また、五つのパンと二匹《ひき》の魚を五千人の聴衆《ちょうしゅう》に切り分けたという話も、「ヨハネの福音書」に、はっきりと書いてあります。

ちなみに、こうしたことが、曽野綾子さんの守護霊が信じられなかったところでもあります（前掲《ぜんけい》『スピリチュアル・メッセージ 曽野綾子という生き方』参照）。

ヤコポ・ティントレット作「パンと魚の奇跡」
（メトロポリタン美術館）

「福音書《ふくいんしょ》のヨハネ」を招霊《しょうれい》する

大川隆法　さて、実際のイエスはどのような人だったのでしょうか。それをヨハネから聞くことができるかどうか、トライしてみたいと思います。

これをフォーマルに捉《とら》えた場合、「キリスト教会震撼《しんかん》の書」になるわけでしょう。確かに、どこまで信憑《しんぴょう》性があるかについては、われわれにも分かりません。

また、「キリスト教の一派でもないのに、イエスの人生の真相を語る資格があるかどうか」ということに関しても、キリスト教を信じれば信じるほど、かえって疑ってくるものだろうとは思います。

いずれにしても、「福音書《ふくいんしょ》」の作者として、真実をどのように見ていたのか、何らかのヒントなり、あるいは真実なりを聞くことができれば幸いかと思います。
それでは、「福音書のヨハネ」をお呼びし、分かる範囲《はんい》内で構いませんので、
真実のイエス像や、弟子の像等についてお訊き申し上げたいと思います。
イエスの十二弟子の一人にして、「福音書のヨハネ」よ。
どうか幸福の科学総合本部に降りたまいて、その言葉を語りたまえ。
十二弟子の一人にして、「福音書のヨハネ」よ。
どうか幸福の科学総合本部に降りたまいて、イエスの時代の真実を語りたまえ。
「福音書のヨハネ」よ。「福音書のヨハネ」よ。
どうぞ幸福の科学総合本部に降りたまいて、その真実を語りたまえ。

（約二十五秒間の沈黙《ちんもく》）

福音書のヨハネ
ガリラヤ地方の漁師ゼベダイの子で、ガリラヤ湖で兄ヤコブと共に漁をしていたとき、イエスと出会い、最初の弟子の一人になった。イエスが最も愛した弟子ともいわれ、数々の場面に立ち会ったとされる。「ヨハネによる福音書」は、共観福音書とは表現や描写の違いが見られ、「太初《はじめ》に言《ことば》あり、言は神と偕《とも》にあり、言は神なりき」という記述が有名である。

2 「イエスの修行《しゅぎょう》時代」を語る

ヨハネが語る、イエスとの出会い

綾織　こんにちは。

ヨハネ　はい。

綾織　「福音書《ふくいんしょ》のヨハネ」様でいらっしゃいますでしょうか。

ヨハネ　そうです。

綾織　本日は、幸福の科学総合本部にお出《い》でいただきまして、まことにありがとうございます。

今日は、「福音書のヨハネ　イエスを語る」というテーマで、お話を賜《たまわ》ればと思います。

『聖書《せいしょ》』には、さまざまなイエス様のお姿が伝えられているわけですけれども、実際のところ、どうだったのかというところが、現代人には、なかなか分かりかねます。

そこで、さまざまな点につきまして、ヨハネ様がご覧になったイエス様の真実の姿というものを、お教えいただければと思います。

ヨハネ　うん。

綾織　まず、ヨハネ様が、イエス様と最初に出会われた場面なのですが、「ガリラヤ湖で漁師をされていたところにイエス様がいらっしゃった」と、『聖書』には記《しる》されています。

このときに、ヨハネ様はどのようにイエス様をご覧になったのでしょうか。このあたりから、お伺《うかが》いできればと思います。

ヨハネ　まあ、不思議な感じのする方ではありましたねえ。そのお姿は、今、説かれているものに近いと思いますけれども、長い髪《かみ》をしておられまして、金《きん》髪《ぱつ》ではなかったんですが……。亜麻色《あまいろ》というべきでしょうかねえ、そういう髪で。二つに分けて、肩《かた》までかかるような長い髪をしておられたと思います。

顔は、細面《ほそおもて》だったと思います。

それで、細身《ほそみ》ではあったのですが、おそらく身長は、うーん……、現代的に見れば、百七十センチ前後ではないかというふうに思います。何か手製のサンダルを履《は》いておられたと思います。

それから、服は質素なものではありますけども、うーん、もともとの色は、

カール・ブロック作「キリストと子供」
（一部／デンマーク・ホルベク教会）

たぶん白っぽいものだと思われますが、やや色が変色して、カーキ色というか、何かそういうのに少し近づいていたような感じの色の服を纏《まと》っておられました。

ローマなんかにもあるような、貫頭衣《かんとうい》のようなものだったかと思われますが、腰《こし》には縄《なわ》に近いものを巻いておられたように思いますねえ。

（私は）父のゼベダイや、兄弟のヤコブ等と一緒《いっしょ》にガリラヤ湖畔《こはん》で魚を捕《と》っておったんですけれども、ツカツカ、ツカツカと下りてきて……。

非常に、神がかった言い方をする方だっ

ドメニコ・ギルランダイオ作「最初の使徒たちのお召し」
（一部／バチカン システィーナ礼拝堂）
ボート右端に乗っている二人が、ヨハネとヤコブ。

たんですよね。じっと、私たちの目を見つめたあと、「あなたがたは、魚を漁《すなど》るのではなくて、人を漁れ」というようなことをおっしゃったんです。

「いつまで、湖で魚を捕っておるか」「あなたがたが網《あみ》で取るべきは、人間のほうだ」ということで、まあ、「人間の魂《たましい》の救済をせよ」ということを、おっしゃったのかというふうに思いますけどね。

それで以後、網を捨てて付《つ》き従《したが》ったという状態です。

弟子になった者たちに話しかけるイエス。映画「ヨハネの福音書」(2003年公開　カナダ・イギリス／The Book of John,Inc. and The Gospel of John Ltd.／ライフ・クリエイション)から。

イエスと私は、年が、うーん……、ちょっと離《はな》れてはいたと思います。私はまだ二十歳《はたち》になっていたかどうか……、なっていなかったかもしれません。そのくらいの年だったんではないかと思われます。

ということで、そうした言葉から始まってはいるんですが、少しずつ弟子《でし》を集めていかれたような感じではありましたね。

ただ、今、考えられているようなキリスト教会とはほど遠い感じで、どっちかといえば、うーん、どうでしょうか。まあ、流浪《るろう》の吟遊《ぎんゆう》詩人のような、そんな感じに見える方でしたかねえ。

近くにいても、すんなりと分かる方ではなかったです。突如《とつじょ》、「すごく謎《なぞ》を含《ふく》んだ言葉」をよく吐《は》かれる方でしたね。

「イエスの神秘性」は小さいころから噂《うわさ》されていた

金澤　ありがとうございます。今のところで、もう少し詳《くわ》しく教えていただきたいところがあります。イエス様が来られて、非常に神々《こうごう》しいお言葉で、人々を漁《すなど》るようにおっしゃったと思うのですけれども、いきなりそういうことを言われても、普通《ふつう》の人は、すぐにはついていかないと思うのです。
けれども、お父様とか、ご兄弟と一緒に、即《そく》、網を捨ててついていかれた理由は何だったのでしょうか。それだけ、イエス様に何か神秘的な力があられたのでしょうか。

ヨハネ　まあ、噂《うわさ》は、だいぶ前からあった方ではあるんですけどもねえ。小さいころから、ときどき、そうした変わったことをなされる方という噂は、聞いてはおったんでございますけれども。

例えば、会堂《かいどう》で……、会堂というのは教会のようなもので、ユダヤ教のシナゴーグですけど、そこに突然入っていって、神がかってきて説法《せっぽう》したりすることもあるような方ではありました。

また、家業は大工《だいく》業であったと思います

パオロ・ヴェロネーゼ作「学者と議論するキリスト」（プラド美術館）
腕を挙げている人物（画面中央）が当時12歳のイエス。

が、真面目《まじめ》に大工業をやっているかと思えばフラッといなくなって、修行《しゅぎょう》しているのだか、どこかを旅してるのだか、あるいは、そうして神がかって、どこかで話をしておられるのだか、よく分からないタイプの方であったというふうに思いますね。

ただ、噂としては、もうだいぶ前から、そういう変わった感じの方がいらっしゃるということは聞いておりましたねえ。

まあ、現代に伝わっているもののなかには、そうとう脚色《きゃくしょく》されたものもあるので、全部を受け入れるのはどうかとは思います。

例えば、「ヘロデ王が、『その年に生まれた男の子を全員殺せ』と言ったので、エジプトに避難《ひなん》した」とか、そのような話もありますよね。

たぶん、エジプトに行かれた事実はあるとは思うんですが、「ヘロデ王が

という

『皆殺《みなごろ》しにせよ』と言ったので、出た」ということはないんじゃないかというふうに、私は思っておるんです。

まあ、神秘的な方としてご存在しているということは、噂としては聞いてはいたんですけどもねえ。

イエスの知られざる修行《しゅぎょう》時代とは

綾織「イエス様がエジプトに行かれた」というお話が出ましたけれども、ご一緒されるなかで、イエス様の修行《しゅぎょう》時代の話を聴《き》かれたことはございますか。

ジョット・ディ・ボンドーネ作「エジプトへの逃避」(スクロヴェーニ礼拝堂)
両親らと共にエジプトに向かう幼いころのイエス。

エジプト以外に、インドにも行ったのではないかという説もありますけれども。

ヨハネ　うーん……、当時の地理観念から見ると距離《きょり》感がちょっと分かりかねるので、インドまで行けたのかどうかは、分からないんですが。

まあ、いろいろ放浪をしていたようなことはあったようで、家業は大工業ではあったけれども、ときどきいなくなる方であったようではありますね。

あと、もう一つ、クムランのほうにエッセネ派という存在がありまして、そちらのほうへ行って修行していた可能性も、かなり高いというふうに言われてはいます。

まあ、これについては、秘密のところがあって、よく分からない。姿を隠《かく》していなくなるという感じだったので、あるいは、そちらのほうで秘密の修行をなされていた可能性も高いかなというふうには思います。

ですから、私たちが知らないところで、師がいて、（イエスを）教えておられた可能性もあるかもしれません。

ヨハネにとって、当時のイエスはどのように見えたのか

斎藤　ヨハネ様のお家《うち》は、ガリラヤ湖畔でも、けっこう裕福《ゆうふく》なお家であり、「お金にも困らず、多くの人を雇《やと》って、漁師を営《いとな》んでいた」と言われています。

イエス様が「人を漁《すなど》る者とする」と言われたときには、「『旧約《きゅうやく》』の教え」とは全然関係なく、一転語的《いってんご》に言われたのだと思うのですが、それを聞いたヨハネ様たちは、ユダヤ教をずっと熱心に学んでおられたはずなのに、そういきな

り言われて、すぐに改宗してイエス様のお付きとなっていかれたのですか。それとも、迷いながらも、イエス様のカリスマ性に打たれて、フーッとついていかれたのでしょうか。

そのへんについては、先ほど、隣《となり》の質問者（金澤）も言っていましたけれども、後代《こうだい》の私たちにとっては、「えっ！」と、驚《おどろ》いてしまう感じもあります。「イエス様が、そのときから、すでに新たな教えを説いておられたからなのか。そういう、人物的な魅力《みりょく》や、未知なる神秘性に打たれたからなのか。どちらなのかな」という疑問が残っているのですけれども……。

ヨハネ　もちろん、ユダヤ人であれば、ユダヤ教を学んでいたでありましょうけれども……。

確かに、イエスは、神がかってくる方であって、そのときに語っておられることは、「ユダヤ教の教え」として説かれているものと、少し違《ちが》っていました。そういうことが多かったので、ある意味で、イエスは「新興宗教の教祖」であったのではないかと思います。

要するに、「新興宗教の教祖として、最初は、数人から数十人ぐらいの信者をつくっていた」という姿が、現実に近いのではないかと思いますね。

最初のころのイエス自身の認識は「預言者《よげんしゃ》の一人」

綾織　具体的な伝道活動についてなのですが、「イエス様が、そのように、ところどころで、思いつきのように説法をされ、さまざまな奇跡《きせき》を起こされるなかで、たくさんの人が集まっていった」という流れなのでしょうか。

ヨハネ　私たちは……、まあ、いわゆる、『聖書』というのは、『旧約聖書』のことですけれども、イエス様が、『旧約聖書』を正式に勉強しておられたところとか、学校で習われたところとか、あるいは、自分で勉強されているようなところとかは見ていません。

ただ、ときどき、いわゆる、『聖書』の内容を引用することもおできになられたので、「修行時代に、どこかで教わったのかもしれない」とは思うのです。あるいは、「もしかすると、精霊《せいれい》たちが、彼に、その言葉を教えていたのかもしれない」という感じもありました。

イエス自身も、最後まで、「自分は、ユダヤ教徒の一人だ」と思っていたような節《ふし》もあります。

おそらく、後世のイスラム教が捉《とら》えているように、最初は、イエス自身も、「ユダヤの預言者《よげんしゃ》の流れのなかの一人として出たのではないか」というふうに、自分を認識していたのではないかと思います。

3　イエスの「奇跡《きせき》」をヨハネはどう見たか

実際に起こった「イエスの奇跡《きせき》」とは何か

綾織　やはり、現代人にとって、非常に関心が高いのが「奇跡《きせき》」なのですが、『ヨハネの福音書《ふくいんしょ》』のなかでも、「カナの婚礼《こんれい》」の話や「目の不自由な人を治した」という話など、そういうものが、かなり出てきます。

現代のキリスト教徒にとって、「これを信じるか、信じないか」には、「ある種の信仰《しんこう》の試し《ため》」のようなところもあるわけですけれども、実際に、ヨハネ様がご覧になった奇跡とは、どういうものだったのでしょうか。

ヨハネ　ここは難しいところですし、多くの人が、つまずくところでもあるのです。現代のキリスト教会で、神父《しんぷ》や牧師《ぼくし》をしている方々が、どこまで、これを信じられるかについては、やっぱり、疑問がありますね。

仏教にも、いろいろな「奇跡譚《たん》」はあるのだと思いますけれども、仏教徒には、それほど重視されていない。もちろん、釈迦《しゃか》自身の言葉として、「そんなものにはとらわれないで、教えのほうを実践《じっせん》せよ」というような言葉があったからだと思われますけれどもね。

イエスの場合、「その奇跡譚を、最初から最後まで、全部取り去ったら何が残るか」というと、「数千人ぐらいの人にまで煽動《せんどう》をかけて、最後に、エルサレムに入城《にゅうじょう》を果たし、革命を起こそうとしたが、捕《と》らえられて処刑《しょけい》された」という事実だけになってしまうと思うんですよね。

もし、奇跡のところを全部取り除くと、そういうかたちになるのではないかと思うし、そういうふうに捉《とら》えていた人もいると思う。

まあ、後世、強調された部分があるのかもしれませんが、「病気が治る」ということは、いろいろな宗教で起きていることだし、日本では、空海《くうかい》のような人が、病気を治したりもなさっていたと聞いておりますので、そのくらいのことは、実際にあったと考えてよいと思うんですね。

合理的に解釈《かいしゃく》し、奇跡《きせき》を信じない現代人

ヨハネ　「カナの婚礼」での奇跡《きせき》は、ワインが尽《つ》きて……、まあ、当時、婚礼っていうのは、一週間ぐらい続いてやりますので、ワインがなくなるということは、よくある話ではあるのですが、そのときに、イエスは、「水瓶《みずがめ》に水を注《そそ》いで、（瓶の）口までいっぱいに入れなさい。そして、それを出しなさい」と言われ、そのとおりにすると、これがワインに変わっ

「カナの婚礼」での奇跡
イエスに言われたとおり、水瓶いっぱいに水を注いだところ、それがワインに変わった。（映画「ヨハネの福音書」から）

ていたというものです。

「これが信じられるかどうか」っていうところですが、まあ、これは、最初につまずくところでしょうね。

これが本当だったら、現代のクリスチャンの科学者たちも、もはや言うべきことは何もないし、化学式なるものは、存在しないも同然ということになりますわね。

だから、なかなか厳しい。「科学」と「宗教としてのキリスト教」は、歴史的にぶつかりましたけども、原点としての『聖書《せいしょ》』のな

〈左：病人を癒やすイエス〉
バルトロメ・エステバン・ムリーリョ作「ベテスダ（ベトザタ）の池で体の麻痺した人を癒やすキリスト」（ナショナル・ギャラリー）

〈中：盲人を癒やすイエス〉
ニコラ・プッサン作「エリコの盲人」（ルーブル美術館）

〈右：湖上を歩くイエス〉
ヤコポ・ティントレット作「ガリラヤ湖のキリスト」（ナショナル・ギャラリー）

かに、その原因があったと思うんですね。

はたして、水がワインに変わるか。はたして、イエスは湖の上を歩いて渡《わた》ってこられたのか。あるいは、蹇《あしなえ》の人を癒《い》やしたのか。床《とこ》に寝《ね》たままだった病人に、「立ちて歩め」と言っただけで、その人は立って歩けたのか。生まれつき目が見えなかった者を、本当に治すことができたのか。本当に、死んで三日後に復活したのか。

いろいろな奇跡について、引っ掛《か》かりはあるだろうと思うんですね。

イエスが起こしたとされる、さまざまな奇跡

だから、現代的には、たぶん、「病気治し程度は可能性があると考えても、あとのものについては、ちょっと信じられない」っていうのが、本当のところなんだろうというふうに思います。

あるいは、これを、合理的に解釈《かいしゃく》して、「隠《かく》してあったワインを、蔵出《くらだ》しして、出してきたんだ」と、簡単に考える人もいる。

まあ、そのくらいのことは、当然、できないわけではないでしょうからね。「『ワインがなくなった』と言っておいて、実は、いちばんよいものを、最後に出してきた」と捉える人もいるし、「それは、『福音書』の作者の単なる創作だ」という人もいる。

小説家にだって、そんなもの、いくらでも書けますから、「創作で書いた」というふうに言う方もいる。

ここの、つまずきのところは、乗り越《こ》えにくい部分ではありましょうね。

二千年、具体的な記述が遺《のこ》っている事実をどう捉《とら》えるか

ヨハネ　ただ、結果的に、キリスト教は世界宗教となって、数十億人の心をつかむところまでいった。このレベルまで広がった宗教っていうのは、本当に、数えるほどしかございません。二つ、三つしかありませんので、そういうことから考えてみても分かると思うのですが、もし、普通《ふつう》の、小さな宗教で起きる程度の奇跡でとどまっているとしたならば、たぶん、そこまで大きな宗教はできなかったと考えていいのではないかと思うんですね。

「それだけ大きな、霊的《れいてき》な威力《いりょく》がある宗教が起きた」ということは、その根

源において、やはり、そうとう衝撃的《しょうげき》なことがあったと見ていいと思います。

例えば、「福音書」に関して言えば、私たちが書いたものは、ローマ教皇や歴代のクリスチャンが、二千年にわたって、読み続けているものです。「その内容が削除《さくじょ》されずに、現代まで二千年、遺《のこ》っている」ということ自体、「削除させないほどの力」が、何か働いているということですよね。

「通常の現代科学から見れば、これはありえないことですから……」と言って、サッと削除されてもおかしくないと思うんです。

まあ、先ほどおっしゃっていた日本神道《しんとう》の神話で、「男性神《しん》が子供を産む」みたいな話もありますが、これはこれで大変なことだとは思いますけども……（笑）。

そういうふうに、いろいろと不思議なことが多すぎて、前後から見ると象徴《しょうちょう》的に解釈するしかないものも、かなりあるとは思うんですけども、こうした、「花嫁《はなよめ》の婚礼があって、婚礼の場でワインが尽きてしまった。すると、イエスが、水瓶に水を入れさせ、それをワインに変えた」という記述、象徴的なものではなくて具体的な記述が、二千年、遺っていることを、どう考えるかということですね。

ただ、真理は単純なところにあって、「そういうことが起きた」と思うのが、いちばんよいのではないかと思います。

カール・ブロック作
「カナの婚宴」（一部）

4 「言《ことば》は神なりき」の真意とは

「ヨハネの福音書《ふくいんしょ》」の中心的な考え方とは

綾織　「ヨハネの福音書《ふくいんしょ》」には、幾《いく》つか奇跡《きせき》が書かれていますけれども、それは、ご自身で目撃《もくげき》されたと理解してよろしいでしょうか。

ヨハネ　もちろん、現代にも、詐欺《さぎ》や、そうした、何と言いますか……、手品師、イリュージョンを行う人がたくさんいらっしゃいますので、そういう人の手にかかれば、いろいろなことができます。だから、そういうふうに捉《とら》える向きもあろうと思いますが、イエスに至っては、そういうことをするようなタイプの人ではなかったのです。

彼の奇跡は、すべて「言葉」を通じて起きていました。何か不思議な儀式《ぎしき》をやったり、何らかのトリックのようなものを使ってやったりするようなタイプではなく、奇跡は、いつも言葉で起きていたのです。

だから、『聖書《せいしょ》』にある私の福音書には、「太初《はじめ》に言《ことば》あり、言は神と偕《とも》にあり、言は神なりき」ということが書いてあります。

要するに、言葉が「神の証明」そのものであり、彼が言葉を発されたことが成就《じょうじゅ》していた。

これが、私の福音書の、いちばんの主要論点なんですね。

「神は言葉なのだ。言葉に宿《やど》るものである。言葉になされたことが、この地上に実現したということが、神の業《わざ》であり、これが信仰《しんこう》の姿なのだ。言葉が成就するということが、信仰なのだ」

実は、これが、私の福音書の中心的な考えなんです。

彼は、ほとんど、言葉を通じて奇跡を起こしています。何かトリックを使うような余地がない状況《じょうきょう》で起きているんですね。

ただ、それが連綿として起きているわけではないことも事実です。あるときに、突然《とつぜん》、あることが起きる。そして、それは、一回きりのことも多かったのは事実であります。

まあ、小説家であれば、「隠《かく》していたワインを出してきた」と解釈《かいしゃく》するのではなくて、もうちょっと象徴学的《しょうちょうがく》に解釈して、「人々がイエスの説法《せっぽう》に酔《よ》いしれたんだ」みたいな感じに持っていくでしょうが、それは、非常に分かりやすい、イージーな考え方だろうとは思うんです。クリスチャンでも、そういう捉《とら》え方をする人が、後世、出てくると思います。

でも、「(奇跡が)現実になかったら、二千年は遺《のこ》らなかった」と思います。「みんなが水だと思っていたものが、ワインに変わったということがあった」というふうにお考えになったり……。まあ、これを信じる信じないは別ですが、少なくとも、イエスが根源の神の独《ひと》り子《ご》であるというふうな立場であるならば、神は言葉にて万象万物《ばんしょうばんぶつ》をおつくりになられた方であるのだから、その独り子にも、その程度の力が宿っていたということはありえると、私は思います。

「カナの婚礼《こんれい》の奇跡《きせき》」が起きた理由とは

斎藤　「言葉」に関連してお伺いします。「当時、ヨハネ様が目撃されているなかで、イエス様は、病気を治すときに言葉を使われた」とのことですが、『聖書』には、「イエス様が、病気を治す際、必ず、『汝《なんじ》、われを信ずるか』と問いかけ、『主を信じます』と答えた方は治っていった」というような記載《きさい》も遺っています。

そのように、言葉で、魂《たましい》に問いかけるような治し方をされていたのでしょうか。

ヨハネ　ですから、次に、「信仰の問題」が出てきますけども、結局、『聖書』のなかには、奇跡《きせき》が起きなかった事例も出てはいるんですよね。みんな、全部、起きたように書いてない。

「預言者《よげんしゃ》、故郷《こきょう》に容《い》れられず」で、自分の生まれた村では、奇跡が起きなかったことも書かれている。

要するに、「人々が、彼を小さいころから知っているがゆえに、信仰心が立たなかった」ということです。

「救世主だとは信じられない」ということであれば、奇跡の業《わざ》は起きなくて、イエスは、「ここでは、やめておこう」というようなことを言っておられると思いますが、まあ、これはよくあることでございますね。

あるときを境にして、そうした召命《しょうめい》が起き、天からのお呼びがかかって宗教家になる方は多いと思いますが、それ以前まで付き合いのあった方や、幼いころからよく知っている方などが、「なかなか信じられない」っていうのは、よくあることだろうというふうに思うんです。

例えば、この教団であっても、大川隆法総裁が霊言集《れいげんしゅう》を出され始めたあたりから、いろいろな人が全国から集まってきて、バラバラに信者になってこられたけれども、前職で会った方々や学生時代の友人など、それ以前に付き合っていた方々が、みんな、大挙して信者になったわけではないと思うんですね。

意外に、「自分を知っている」と思っていた人が、表層的な、表面的なものを知っていて、その内奥《ないおう》なるものを知らないことが多いということです。

信仰においては、個人のレベルでも、「家庭のなかで、ある人は信じるが、別の家族は信じずに反対する」というようなことがたくさん起きておりますけ

パオロ・ヴェロネーゼ作「カナの婚礼」（一部／ルーブル美術館）
画面左にはイエス、画面右手前には瓶のなかに満たした水がワインに変わった様子が描かれている。（丸囲み部分）

れども、あくまでも、個人個人の問題なのです。

その人が、信仰心を持つかどうかということ、そして、その信仰心を媒介《ばいかい》として、言葉と言葉が呼応したときに、奇跡は起きるということが言えると思います。

ですから、「カナの婚礼《こんれい》の奇跡」のときは、「この奇跡が起きたから、人が集まった」というよりは、「すでに、イエスを信じる人たちがいた」ということを意味していると言ってよいかと思います。

弟子《でし》だからといって、イエスの奇跡を起こすために、トリックとして、よきワインを隠していたわけでもありませんし（笑）、それを蔵《くら》から出してきたわけでもありません。もう少し、何と言うか、素直《すなお》な日常でありますので、そのような大規模なトリックができるようなものではなかったということです。驚《おどろ》かれると思われますが、奇跡は、「神の条件」の一つだというふうに思います。

現代では、奇跡が非常に少なくなっているので、信じにくくなっているんだと思いますが、昔は、もっともっと奇跡が起きているんですね。

郵便はがき

料金受取人払郵便

赤坂局
承認

6467

差出有効期間
平成28年5月
5日まで
(切手不要)

1 0 7 - 8 7 9 0

112

東京都港区赤坂2丁目10−14
幸福の科学出版(株)
愛読者アンケート係 行

フリガナ お名前	男・女	歳
ご住所 〒 都道府県		
お電話 (　　　) −		
e-mail アドレス		
ご職業	①会社員 ②会社役員 ③経営者 ④公務員 ⑤教員・研究者 ⑥自営業 ⑦主婦 ⑧学生 ⑨パート・アルバイト ⑩他(　　　)	

ご記入いただきました個人情報については、同意なく他の目的で使用することはございません。ご協力ありがとうございました。

愛読者プレゼント☆アンケート

『福音書のヨハネ イエスを語る』のご購読ありがとうございました。今後の参考とさせていただきますので、下記の質問にお答えください。抽選で幸福の科学出版の書籍・雑誌をプレゼント致します。(発表は発送をもってかえさせていただきます)

1 本書をお読みになったご感想
(なお、ご感想を匿名にて広告等に掲載させていただくことがございます)

2 本書をお求めの理由は何ですか。

①書名にひかれて　②表紙デザインが気に入った　③内容に興味を持った

3 本書をどのようにお知りになりましたか。

①新聞広告を見て [新聞名：　]
②書店で見て　③人に勧められて　④月刊「ザ・リバティ」
⑤月刊「アー・ユー・ハッピー？」　⑥幸福の科学の小冊子
⑦ラジオ番組「天使のモーニングコール」　⑧幸福の科学出版のホームページ
⑨その他（　）

4 本書をどちらで購入されましたか。

①書店　②インターネット（サイト名　）
③その他（　）

5 今後、弊社発行のメールマガジンをお送りしてもよろしいですか。

はい（e-mailアドレス　）・いいえ

6 今後、読者モニターとして、お電話等でご意見をお伺いしてもよろしいですか。(謝礼として、図書カード等をお送り致します)

はい ・ いいえ

弊社より新刊情報、DMを送らせていただきます。新刊情報、DMを希望されない方は右記にチェックをお願いします。　□DMを希望しない

5　イエスの「神との対話」「悪魔《あくま》との戦い」の真実

ヨハネが見た「霊的《れいてき》に交流している」イエスの姿

綾織　イエス様についてお伺《うかが》いいたします。

「ヨハネによる福音書《ふくいんしょ》」というのは、非常に霊的《れいてき》な内容も含《ふく》んだ福音書であるわけですが、イエス様の説法《せっぽう》のとき、あるいは、ゲッセマネの祈《いの》りのときなどの様子は、お近くでご覧になっていて、どのようなものだったのでしょうか。イエス様の背景にある、霊的なものも含めて、教えていただければと思います。

ヨハネ　うーん。大衆に説法されるときもありますが、弟子《でし》だけに囲まれてるときもあり、一人になりたがるときも、ずいぶんありまして。やっぱり、「霊的な力を使われたあとはお疲《つか》れになる」というご様子は、お見受けいたしました。

そのため、山のほうに退《しりぞ》かれ、瞑想《めいそう》されて、力を溜《た》めておられることなんかも多かったし、まあ、神と話をしておられたのか、古代の預言者《よげんしゃ》と話をしておられたのか、それは分かりませんが、いろいろな方々と、霊的に交流はなされていたように思われます。

それが表されているものもありますけどもねえ。イエスが変化して、光り輝《かがや》いて、モーセやエリヤなどと語っているシーンなんかが描かれているものもありますけれども、確かに、いろいろなものと霊的に交流しているっていう感じは強く、説法している際に、やっぱり変わっていく感じ、イエスが変容《へんよう》していく感じは、私たちもよく見ておりました。声の調子から、身振《みぶ》り手振り、話し方まで変化してくるところは、よくございましたね。

「主なる神が、われと共にある」ということを言われ始めたときの霊的なバイブレーションは、やはりとっても強いも

ラファエロ・サンティ作「キリストの変容」(一部／バチカン宮美術館)
キリストの両脇にいるのはモーセとエリヤ。その下には、キリストが神の子であることを目の当たりにして、ひれ伏すペテロ、ヤコブ、ヨハネが描かれている。

のがあって、だいたい奇跡《きせき》を起こされるときには、そのように、「主なる神と共にある」と念じられながら、おそらく、主なる神が、イエスをオーバーシャドーするかたちで「同時存在」なされて、業《わざ》を起こしておられたんではないかと、私は感じますねえ。

裏切りのユダは、なぜ「魔《ま》に入られた」のか

綾織　一方で、さまざまな悪魔《あくま》の試《ため》しや攻撃《こうげき》もあったと思います。

そこで、関心があるというか、お聞かせ願いたいのは、そうした悪魔に対して、イエス様がお一人で戦われた場面もあれば、当然、周りにいらっしゃるお弟子さんがたも一緒《いっしょ》に戦われた場面もあると思うのですけれども、「イエス様

の護《まも》り」という意味では、どのような仕組みといいますか、状況《じょうきょう》になっていたのでしょうか。

ヨハネ　悪魔はときどき出てきていたようですね。まあ、書き方はいろいろありますので、どの順、どの時間帯、どの時系列で出てくるかっていうことについては、書き手によって、ちょっと違《ちが》いがあると思うんですけども。

イエスが話していたことを記憶《きおく》している者は、みんな、後《のち》に、何十年もたってから書いているので、どういうふうにまとめるかという書き方は違いが

アリ・シェフェール作
「キリストの誘惑」（ルーブル美術館）

あるんですが、有名な、ベルゼベフの試《ため》し、試《こころ》みを受けたのは、事実、あったことだと思いますね。

『聖書《せいしょ》』に書いてあるとおりかどうかは別といたしまして、つきまとって惑《まど》わそうとしたのは、実際にあったことだろうと思うし、裏切りのユダについては、いちばん理解がいかないところですが……。まあ、でも、ちょっと、私の書き方は極端《きょくたん》かもしれませんけどもね。

「十二の弟子を選んだが、そのうちの一人が悪魔である」みたいな言い方をしているかもしれませんし、「振り返ってみれば、そういうことだ」ということにはなるわけだけども、悪魔を選んで弟子に入れたわけではなくて、もちろん、イエスを信ずる者として来た者を選んだわけです。

ところが、教団運営……、運営というほどのものでもありませんが、そうした、さまざまな伝道活動、奇跡等をやっているなかで、やっぱり、魔に入られる者は出てくる。それは、あなたがたも、新しい宗教を起こしたのであれば、ご存じだと思いますけどもね。

弟子のほうは、やはり弱いので、心に「隙《すき》」ができるときがあります。そのときに、「自分の願い」や「自己実現の思い」と、「主の思い」が違って、自我のほうが勝《か》っている場合に、魔に入られてしまうということがある。

だから、イエスそのものが退《しりぞ》けておられても、魔が入ることはある。

イエスが「サタンよ、退《しりぞ》け」と、ペテロを叱責《しっせき》した理由

ヨハネ　それは、ユダだけではなくて、ペテロでさえ、「サタンよ、退《しりぞ》け！」

と、イエスに言われたことがあるぐらいですよね。

イエスが、エルサレムに入城なされるというときに、「ここで、私は最期《さいご》を迎《むか》える。私は、屠《ほふ》られて、三日の後《のち》に、蘇《よみがえ》るであろう」というようなことを予言的に何度も言われて、要するに、処刑《しょけい》されるような言い方をされていたし、客観的な情勢から見れば、そういう可能性は極《きわ》めて高かったかとは思われますけれども、「だったら、先生、それは、もうおやめください。エルサ

ピエトロ・ロレンツェッティ作「キリストのエルサレム入城」
（サン・フランチェスコ修道院）

レムに行かないでください」とペテロがお願いしたら、やっぱり、「サタンよ、退け！」というような感じの言い方をされた。

それを、ペテロにサタンが入っていたと解釈《かいしゃく》するのは、あまり妥当《だとう》ではないとは思うんですが、ペテロは、極めて人間的な理解として、「危険だったら、お避《さ》けください」と言った。まあ、弟子として当たり前のことで、「ソクラテスを逃《に》がしたい」と思った弟子たちと同じようなことでありましょうから、人間的な判断だったんだけれども、イエスが言いたかったのは、「これは、約束事であるから、成就《じょうじゅ》しなかったら、自分の使命が果たせないんだ」ということだと思うんです。それを理解できない弟子に対して、ある種のいらだちを感じられて、ご叱責《しっせき》なされたんだと思うんですね。

「イエスの死」と同様に位置づけられる「吉田松陰《よしだしょういん》の死」

ヨハネ　まあ、こういうことは、何度かあるんじゃないでしょうか。日本でも、最近では、吉田松陰《よしだしょういん》という方が、一人で決起《けっき》されて、洋行《ようこう》されようとしたり、あるいは、獄《ごく》につながれて、処刑されるようなことがあって、弟子たちは、一生懸命《いっしょうけんめい》、止《と》めた。つまり、常識的な立場で、弟子たちは、「危険だ」ということで、先生を護ろうとなされた。これを「悪魔の声」とは必ずしも言えないとは思うんだけども、師のほうは、自分の心が分からない弟子たちの愚《おろ》かさに対して、一喝《いっかつ》をされたんだと思うんですね。

それで、結果的に見れば、どうかというと、「その死が、生よりも大きな意味を持っていた」ということがあったと思うんです。最近では、そういうものを見たと思うんですね。

そうした位置づけは、ほとんど、イエスやソクラテスの死と同じような位置づけであると思うんですが、「死ぬ」ことによって、「生きる」よりも、さらに大きな、宗教的な意味を示すことができる場合もあるんですね。

吉田松陰・金子重之輔像（静岡県下田市）
尊王攘夷の運動が高まる幕末において、憂国の志士・吉田松陰は、海外の事情を探るべく渡航を企て、弟子の金子重之輔と共に、下田に停泊中の米艦ポーハタン号に小舟で向かった。

6　パウロの「贖罪説《しょくざいせつ》」をどう見るか

ヨハネは「イエスの十字架《じゅうじか》」をどう解釈《かいしゃく》しているのか

ヨハネ　後《のち》の世で、十字架《じゅうじか》が、あれほど大きな「キリスト教の象徴《しょうちょう》」になったということがあります。ここは、宗教的に、極《きわ》めて解釈《かいしゃく》の難しいところではあるんだけれども、あの十字架に架かったイエスの悲惨《ひさん》な姿を、みんな見つめているわけです。教会では、必ず、十字架に架かったイエスを見ます。脇腹《わきばら》に槍《やり》を突《つ》き刺《さ》され、茨《いばら》の冠《かんむり》を被《かぶ》って、人類を救いに来た人が屠《ほふ》られたということを、見せつけられているわけですね。

あの姿自体が、「人間の罪深さ、欲深さ」「この世への執着《しゅうちゃく》」、そして、「信仰《しんこう》の薄《うす》さ」を反省させるものとして、象徴されているものなんですね。

だから、「パウロ的な解釈で、キリスト教はねじ曲げられた。パウロは、イエスの伝道の失敗を、『イエスは、生贄《いけにえ》になるために、この世に来たんだ。生贄になるために生まれたんだ。人類の罪を許すために、生贄になって送られたんだ』というように

アンドレア・マンテーニャ「磔刑図」(ルーブル美術館)
十字架の下で悲嘆に暮れるマグダラのマリア(画面左下の黒衣の女性)。

こじつけた。そのように、まるで、イエスが生贄の子羊のような言い方をしているのは、ねじ曲げであって、パウロがつくった宗教が、キリスト教なんだ」という言い方をする方も多くいらっしゃるけれども、必ずしも、「ねじ曲げ」とは言えない面はあって、本当に犠牲《ぎせい》になった部分はあるのではないかと思われるんですね。

「政治的」には敗れても、「宗教的」には勝利したイエス

ヨハネ　あの時代、裏切りのユダなんかは、もともとは熱心なユダヤ教徒で、政治運動に中心的な役割を持つパトリオット（愛国者）であったので、イエスに、いわゆるユダヤの伝統的な政治革命家としても、あるいは、霊的《れいてき》な指導

者としても、メシアであってほしいという願いを持っていた。それなのに、師であるイエスが、その政治的な革命家である部分をお捨てになったので、そのことに対して、非常な不満を持っていたと思うんですね。

　当時のユダヤは、もうすでに、ローマの属国状態になっておりました。客観的な情勢として見て、もし、農民一揆《いっき》風に、ローマの軍隊に対して、ユダヤの民《たみ》たちがいろいろな武器をつくって蜂起《ほうき》したところで、完全殲滅《せんめつ》されていたことは、ほぼ間違《まちが》いないことであったので、そういう意味での、小よく大を制す

ジョット・ディ・ボンドーネ作「ユダの接吻」（スクロヴェーニ礼拝堂）

軍神のような奇跡《きせき》を起こすことを願って
いた方もいたのかもしれません。
まあ、結局のところ、マサダの砦《とりで》で、
最後にユダヤは全滅し、国自体が滅《ほろ》びて
おりますように、勝てない戦《いくさ》ではあった
というか、ローマ帝国《ていこく》が大きすぎたとい
うことはありましたね。やはり、そういう政治の世界においては、軍事の専門
家たちと戦って勝てるようなものではない。
イエスが目指していたものは、ローマに従属しながら、何らかの宗教改革に
よって、ローマの一地方の宗教であったユダヤ教を変質させ、世界宗教として、
今度は逆に、宗教の世界でローマを呑《の》み込《こ》んでいって、世界を呑み込んでいこ

イスラエル東部の
マサダにある要塞跡

うとすることであったので。結局は、「われ、世に勝てり」と言われた、そのとおりのことになっているんだけども、みな、この世における勝利だけを考えていたところもあって、そのへんで迷った方々もたくさんいるし、裏切りのユダのように、裏切った者もいる。

ただ、パウロなどは、後《のち》ほど、それを、ある意味で理解した面もあるのかなあと思います。

まあ、三百年、四百年かかって、キリスト教が、ローマのほうをだんだんに制圧していった流れではあるのです。政治的に敗れても、宗教的に勝って、ギリシャ・ローマの神々が滅びていったという流れではありますね。

弟子《でし》たちの「常識の隙《すき》」に魔《ま》が入り込《こ》んで迷《まよ》わしを起こした

ヨハネ　だから、そうした「神仕組《かみしく》み」と「大きな意図」までは見抜《みぬ》けないで、「常識の立場」で考えていた弟子《でし》たちの、その常識の〝隙《すき》〟のところに、魔《ま》は、よく入り込んでいって迷《まよ》わしを起こした。

また、あるときは、食べるものがないようなところについて、「（イエスのような）そうした神の子が、全知全能の神がついておられる人が、食べ物に苦しむことがあるのか」というようなことで、この世的、常識的に悩《なや》むということも、ありえるということですねえ。

まあ、そういうふうなことがあったということです。小さいながらも、そのような教団運営の常識において、人間的につまずいた者がいて、その都度《つど》、いろいろな悪魔のように撹乱《かくらん》はした。

それは、あなたがたも、もし、教団に起きた二十数年、三十年近い歴史を、正確に『聖書《せいしょ》』風に書くとしたら、「そのときに、幹部の誰《だれ》それに魔が入って、こういうことが起きた」みたいなことを、たぶん書くようになると思いますねえ。

だから、「それを、あらかじめ、イエスは知らなかったのか」というような言い方をされても、あるときまで役に立っていた人たちが、何かのところで、やはり、意見が合わなくなったり、イエスについていけなくなったりすることがあったということですね。

7　イエスに見る「常識の逆転」

イエスが常に弟子《でし》に求めていた「考え方」とは

金澤　イエス様の周りには、十二弟子《でし》以外のお弟子さんたちも、たくさんいらっしゃったことと思います。

それで、イエス様は、それぞれの方を愛しておられたと思うのですが、「特に、福音書《ふくいんしょ》のヨハネ様のことを愛された」というように、私《わたくし》たちは伺《うかが》っています。

そうしたヨハネ様から見て、イエス様は、信仰《しんこう》に対して、神に対して、どのようなお心を持っている人を、いちばん愛されたと思われますか。

ヨハネ　うーん。まあ、イエスの政治的ではなかったところを、いろいろと言いましたが、ある意味では、政治的な面もあったわけで、ユダヤ教の風習、あるいは、ローマの意向に逆《さか》らいながらやった面も、あることはあるのです。

特に、ユダヤ教の律法の部分を、かなり形式的には破られた面はあって、「それを、実質的な神のお心で考えてみよ」という言い方を、だいぶなされてますね。

例えば、今、あなたがたから見れば、「当然だ」と思うであろうけれども、安息日《あんそくにち》に、まあ、腹を空《す》かせていたんでしょうけども、麦の穂《ほ》を摘《つ》んだ弟子がいて、それを見咎《みとが》めた者たちが、「『休日には刈《か》り入れしてはいけない』と律法には書いてあるのに、それに当たる行為《こうい》をやった」というようなことで、告発したりしたときに、イエス様は、「休日に、羊が穴に落ちたときに、あなたがたは、それを救わないのか？　そんなことはないであろう。休日が明けて、翌日になるまで放っておくということはないだろう。神の心も同じだ」というようなことを言われたわけです。

つまり、「神が休日をつくられたのは、『人々に骨休みの機会を与《あた》える』という慈悲《じひ》の行為であって、『働いたら罰《ばっ》する』ということのためにつくったものではないんだ」という、実質的な解釈《かいしゃく》をなされたわけですね。

このように、いろいろなかたちで、ユダヤの律法学者たち、いわゆる権威《けんい》者たちとぶつかる面は、たくさんあったと思います。

まあ、あなたがたで言えば、伝統的な宗教とぶつかる部分や、宗教学者、仏教学者等の権威とぶつかる面があったと思うのですが、そのへんについては、非常に容赦《ようしゃ》なく意見を言っていて、あなたがたが、今、「常識の逆転」とかいうようなことを、よく言っておられるのを見て、「非常にイエスによく似ているなあ」と思うことはありますねえ。

ギュスターヴ・ドレ作「法廷から退場するキリスト」（ストラスブール美術館）
法廷を出たイエス。茨の冠を被せられている。画面手前には、イエスが背負うことになる十字架が描かれている。

イエスが「神殿《しんでん》から商人を追い出した」真意

斎藤　今、質問者が、「神の愛する人物像」というようなことを訊《き》いていましたけれども……。

ヨハネ　ああ、そうですか。答えていませんでしたか。

斎藤　いえ、それと関連しまして、イエス様は、どうしても、「愛」という印象が強いのですが、人を愛するなかであっても、「激突《げきとつ》」が当時あったということを伺っています。

例えば、パリサイ派やサドカイ派の方などとの「論戦」に当たりましては、とても厳しい態度を取られていたというように遺《のこ》っていますけれども……。

ヨハネ　そうですね。厳しいですね、言葉がねえ。

斎藤　先ほども、ペテロに、「サタンよ、退《しりぞ》け！」と、激しく言っていたという話もありますし、神殿《しんでん》で、バーンと、まあ、〝ちゃぶ台〟を引っ繰《く》り返したわけではありませんけれども、もう、「出ていけ！」と、鞭《むち》で打って、鳩《はと》を売る者などを追い出して……。

ヨハネ　ああ、そうですねえ。ええ、そうです。商売をする者たちを追い出したりしたところがあって……。

斎藤　そうしたことがありますから、イエス様には、「厳しさ」みたいなものもおありだったかと思いますが、人物像としては、どうだったのでしょうか。

ヨハネ　うーん。だから、あれで言いたかったことは、「神の宮は、本来、清めの場であって、人々が心を統一したり、神の教えを伝える者の説法《せっぽう》を聴《き》いたりする

ヤーコブ・ヨルダーンス作「神殿から商人を追い払うキリスト」
（ルーブル美術館）

ような神聖な場所であるのに、それを商売で穢《けが》している」ということでしょうかね。「金儲《かねもう》けの場に変えたのは許せない」と。

まあ、これをそのまま適用すれば、今の日本の神社仏閣《ぶっかく》でも、お祭りなんかをやっているけど、そういう縁日《えんにち》を壊《こわ》して歩いたら、もちろん警察が来て、逮《たい》捕《ほ》して連れて行くでありましょうね。そういうふうに取られる面もあるとは思うけれども。

ただ、その行為が表していることは、そうした業務妨害《ぼうがい》をしようとしてるわけではなくて、「本来の神のお心を取り戻《もど》さなくてはいけない。いわゆる神聖な場所だという意味を、取り違《ちが》えてはいけない」ということを言いたかったんでしょう。

だから、それを許している、厳格な解釈をしてるはずのユダヤ教徒たち、律法学者たちに対する、反抗《はんこう》と言えば反抗に当たりましょうね。かなり激しく、店を打ち壊したり、鳥を逃《に》がしたり、いろいろなことをしておりますしね。

まあ、こういうことも、罪に当たったことであろうと思います。

なぜ、イエスは「この世の権威者《けんいしゃ》」を激しく批判したのか

ヨハネ　それから、あなたが言うとおり、言葉の激しさが、ものすごく止まらなくて、有名な学者として尊敬されていたような人に対して、面罵《めんば》するっていうか、面と向かって批判するようなこともございましたね。
でも、これは、やっぱり、どうしてもあるんですよ。例えば、大川隆法先生を見ても、けっこう、今、権威《けんい》がある人たちを、平気で批判されるところがあ

りますね。宗教家、あるいは、作家や政治家、それから、外国の元首《げんしゅ》まで含《ふく》めて、批判すべきときには、厳しい批判をなされることがある。そういうものは、やっぱり、「神から来た権威」であるのでね。

だから、人間や、この世のいかなる権威をも超越《ちょうえつ》する部分はあることはあるんですけども、それを「分《ぶん》に過ぎた」というように見る者はやっぱりいて、「そういう立場にある方を批判するっていうことは、許されるべきことではなくて、法律に反するか、

各界の「権威」に対しても是々非々の姿勢で真正面から問題提起

そうでなければ、道義・礼節に反することで、非難されるべきことだ」というように捉《とら》える人もあるわけですね。

だから、そのへんの戦いが激しくあって、それは、あなたがたとも二重写しになって、私には見えているんですがね。

イエスの「人付き合い」が「伝統宗教への反抗《はんこう》」と見られた理由

ヨハネ　あと、イエスが、さらに怒《いか》りを買ったのは、まあ、そういう、神殿のなかで商売してる者を追い立てて、経済的被害《ひがい》を与えたこともあったのは間違いございませんし、そういうこともありますが、当時、軽蔑《けいべつ》されていた、娼婦《しょうふ》だとか、貢《みつ》ぎ取り（税金の取立人）だとか、そういう者たちとも交わっていて、説法したり、弟子にしたりしていたようなところですね。

要するに、伝統的な宗教のほうでは軽蔑されていて相手にされなかったような人たちとも、対等に付き合おうとしたところです。平等にやろうとしていたところがあるので、こういうところも、権威に対する、すごく反抗的《はんこう》な行為に見えたと思いますね。

だから、神は、いつの時代も平等をよくお説きになるんですけども、人間がつくった宗教は階層性を必ず求めてくるので、階層ができてくるんですよね。「尊い人であれば、そういう者を相手にしないはずだ」という考え方によって、尊い人のほうを否定していくようなことをするんですよね。

私は、見れば見るほど、イエス様の考え方と、先ごろの日本で吉田松陰《よしだしょういん》さんに起きたものとがよく似ているような気がしてしかたがないんですよ。高級娼婦を弟子に迎《むか》えて許しを与えたのと、〝遊女《ゆうじょ》〟を弟子にし、先生にしたりしたところとかですね。吉田松陰は、罪人《つみびと》である人たちを先生にしたりしていますけれども、イエスもそういう罪人に当たる人を堂々たる高弟《こうてい》にしたりもしているので、これが反社会的に見えるところはあるでしょう。

そういう意味で、（イエスは）この世の権威をすごく軽《かろ》んじたところがあるのですね。

8　イエスの「愛の教え」をどう見たか

イエスとマグダラのマリア、ヨハネの関係とは

綾織　高級娼婦《しょうふ》のお話が出ましたけれども、イエス様の時代にはマグダラのマリアという方がいらっしゃいました。イエス様のお近くには、いろいろな男性の弟子《でし》がいらっしゃったと思うのですが、「もしかしたら、いちばん近い弟子はマグダラのマリアかもしれない」という話も伝わっています。

実際のところがなかなか明らかになっていないため、ヨハネ様のご覧になっ

たイエス様とマグダラのマリアの関係について伺《うかが》えますか。

ヨハネ　それは、最近でも論争があったところですね。

綾織　はい。

ヨハネ　だから、ダ・ヴィンチが描いた「最後の晩餐《ばんさん》」の絵で、イエスの左側に描かれている人が……。

斎藤　（「最後の晩餐」の絵のパネルを掲《かか》げる）その絵が、ちょうどここにあります。

ヨハネ　あ、持っていらっしゃいますね。それが、従来、私、聖ヨハネといわれていたけども、（そこに描かれている絵は）女性的な姿ですよね。とってもね。「これが、マグダラのマリアだったのではないか」ということも言われていて、このへんが謎《なぞ》解《と》きとして、最近、話題になっていたと思うんです。

　そういう高級娼婦だった人を自分の右側に座《すわ》らせたのであれば、これは事実上の夫婦《ふうふ》関係であることを意味していることになるので、

レオナルド・ダ・ヴィンチ作「最後の晩餐」（サンタ・マリア・デッレ・グラツィエ修道院）
通説では、中央に座るイエスの右隣（画面に向かって左隣）が福音書のヨハネと言われているが、マグダラのマリアとする説もある。

伝統的な教会においては認めがたいであろうかと思うんです。

しかし、「弟子が全員男性でなければいけない」ということであるならば、現在の男女平等の考え方の流れに反する面もありますわねえ。そのへんが、考えとしてはちょっと難しいところです。

まあ、私からは非常に言いにくいんですけども、イエスは女性も愛されたが、男性も愛された方だと思います。

神の愛に見放されたかに見える人に福音《ふくいん》を伝えたイエス

斎藤　当時、イエス様の側《そば》にいらっしゃったヨハネ様から、イエス様の「愛の教え」がどんなものだったのかをお教えいただければと思います。

世界宗教のなかでも、キリスト教は「信仰《しんこう》と愛の教え」が非常に特徴的《とくちょう》であると見られていますが、特に、「主なる神を愛せよ」とか、「隣人《りんじん》を愛せよ」といったメインの教えがあります。

先ほど、「イエスは、いろいろな層の人を愛した」とおっしゃっていましたが、この愛の教えで印象的なものは何だったのでしょうか。

ヨハネ　やっぱり、特徴的に見られたるものは、「この世において神の祝福を受けていないように見えし者に、祝福を与《あた》えるところ」に、イエスらしさが出ていたように感じますね。

斎藤　それは、弱い者に対する愛というか、認められない者や虐《しいた》げられた者などに対する愛でしょうか。

ヨハネ　どうでしょうかね。イエス自身が、「医者を必要とするのは病人だ。健康な人には医者は要《い》らない。病人のなかでも、特に急いで手当てをしなきゃいけないのは重病人である」というようなことを言われていますように、「自分がこの世に遣《つか》わされたのは、この世の原理においては、神の愛に見放されたかに見える人たちに福音《ふくいん》を宣《の》べ伝えるためだ」ということですね。

奇跡《きせき》によって、いろんなものが改善される場合も、もちろんあったでしょうが、奇跡はあくまでも象徴《しょうちょう》的なものにしかすぎなかったと思います。ユダヤの病人を全員治したのかといえば、そんなことはないのです。象徴的に、(病気を) 幾《いく》つか治したり、亡《な》くなった方を蘇《よみがえ》らせたりというような奇跡はあったかもしれませんが、当然、全員を蘇らせたわけじゃありません。
そういう象徴はありましたが、結局、言いたかったことは、「神は、どのような境遇《きょうぐう》にある人々も、決して見捨ててはおられないんだ」ということだと思うんですね。

斎藤　「神は見捨てていないんだ」と？

ヨハネ　ええ。「決して見捨てていないんだ」ということを言いたかったんです。
（当時は）人間がつくった秩序《ちつじょ》や価値基準、常識によって、いろいろな成功や失敗、

レンブラント作「ラザロの復活」（ロサンゼルス・カウンティ美術館）
病気で亡くなったラザロに、イエスが「ラザロよ、出てきなさい」と言ったとたん、白布にくるまれたラザロは蘇生した。

身分の高い低いなどがありましたし、迷信深《めいしんぶか》い時代ではありましたので、「罰《ばち》が当たったんだ」というふうに考える人もいっぱいいたわけだけども、そういうものじゃないんですね。

「ユダヤ教の戒律《かいりつ》、律法を守っているから繁栄《はんえい》し、守っていない者は滅《ほろ》びるんだ」というような意味での、単純な因果《いんが》の理法《りほう》を説いていた者たちに対して、「いや、神の愛というのは、そういうものを超《こ》えたものなんだ。あまねく人々を愛しておられるんだ」というようなことを説いたのです。

この意味において、キリスト教には、実はイスラム教と大きく変わらない面があるわけですね。大きくは変わらなかったんだけれども、体制側に取り込《こ》んでいかれると、変わってくるということですね。

だから、「イエスの前においては、カエサルであろうとも、娼婦《しょうふ》であろうとも、あるいは、乞食《こじき》であろうとも、病人であろうとも同じであった。イエスの愛は、限りなく慈《いつく》しみを超えた愛だった」というふうに思います。

身分に関係なく人々と接したイエス
（映画「ヨハネの福音書」から）

迫害される娼婦を助けるなど、分け隔てなく接したイエスのまわりには多くの人が集まっていった。

9 「わが神、なんぞ、われを見捨てたまいしか」の真意

〝イエスの最期《さいご》の言葉〟は、実は弟子《でし》の気持ちを代弁したもの

綾織　キリスト教において非常に重要な場面である、「イエスの処刑《しょけい》とその後の復活」についてお伺《うかが》いします。

先ほど、「キリスト教は、宗教的には勝利した」とのことでしたが、『聖書《せいしょ》』には、処刑の場面でイエス様が、「わが神、なんぞ、われを見捨てたまいしか」と語ったと書かれているわけです。この部分はどうだったのでしょうか。

また、ヨハネ様は、その後のイエス様の復活を実際にご覧になったといわれていますが、そのときのイエス様はどういうお姿だったのかという点について、お教えいただければと思います。

ヨハネ　まあ、それには「弟子《でし》の願いが一部入っている」と考えるべきだと思うんですよね。

公式には、「(イエスは) 三十ぐらいから活動を始めて、三年ぐらいで伝道活動が終わった」というふうに見られていますから、あなたがたで言えば、一九八六年の十月に事務所を開かれて、八七年から本格的に活動を開始されましたが、八七、八八、八九年で総裁がこの世を去っておられたら、どうであったか。最初の三年しかなくても、「それで救世主と信じられるか」というようなことであろうと思うんですよね。

　弟子の気持ちを、ある意味で代弁しているんだと思うんですよ。「神よ、神よ」と言っているのは、実は弟子の声なんですね。「神よ、神よ、なぜ、主を見捨てたもうたか」と弟子が言っている言葉を、イエスの言葉に書き換《か》えているわけです。実際、十字架《じゅうじか》上に掲《かか》げられたイエスの言葉が聞こえるわけもなく、死に至るイエスの言葉が聞こえるわけもないですね。それは弟子の言葉です。弟子の本心がそうなんです。

「（神が）本当にこの世を救われようとして送られた方であるなら、どうか

両脇の罪人らと共に、磔の刑に処せられるイエス。
（映画「ヨハネの福音書」から）

長く生かして、多くの御業《みわざ》を地に現してください。このままで終わったのでは、あまりにも惨《みじ》めすぎます。われわれもまた、何らの使命も果たせずに終わったことになってしまいます。だから、われらが信仰《しんこう》のなさを許したまえ」「われわれの信仰の薄《うす》き罪によって、こういう結果になったのか」というような激しい悔恨《かいこん》の念に、弟子のほうは駆《か》られたわけですね。

それで、『聖書』のなかの一部に、そうした、「主よ、主よ、なんぞ、われを見捨てたまいしか」とイエスが叫《さけ》んだように書きたくなる人が出てくる。当然、そういう、みんなの意見を代表するという面はあったと思います。

「三日のうちに蘇《よみがえ》る」というイエスの言葉の真意

ヨハネ　ただ、イエス自身は、エルサレム入城前に何度も何度も、「自分は十字架に架かるが、三日のうちに蘇《よみがえ》る」と言ってみたり、「大きな教会を打ち壊《こわ》しても、私は三日のうちにそれを建て直す」みたいな比喩《ひゆ》で言ったこともある。これが何を言っているのか、みんな、よく分からなかったということですね。

ラファエロ・サンティ作
「キリストの復活」
（サンパウロ美術館）

その「教会」とは、「肉体の宮《みや》」を言っているわけで、「この肉体を打ち滅《ほろ》ぼしても、自分の精神、魂《たましい》を滅ぼすことはできない。自分のキリスト性、救世主性というのは、肉体を滅ぼされたあとに再建されて、もう一段、強固なものになって現れてくるんだ」ということを言いたかった。

そういうことを、いちおう予定された宗教であったんだけども、「現実問題としては、そう簡単には信じることができない」というのが人間のなす業《わざ》ですねえ。こんなところにも隙《すき》はあった。だから、実際には、いったん教団は四分《しぶん》五裂《ごれつ》して、信じる者もみんな隠《かく》れキリシタン的に地下に潜《もぐ》ったのは事実です。

その地下に潜った者たちが、少しずつ少しずつ巻き返しを図《はか》ろうとし始めていましたけども、急遽《きゅうきょ》、ユダヤ教からの追っ手がいろんなところに派遣《はけん》されました。「弟子たちも一網《いちもう》打尽《だじん》に全員捕《つか》まえてしまえ」というふうなことで追っ手がいっぱい来たのです。逮捕状《たいほじょう》を持ったサウロ（パウロ）が追いかけてきてたような状態ですね。シリアのほうまで追いかけてきてたような状態であったわけですねえ。

「パウロの回心《かいしん》から世界伝道へ」という逆転が行われた

ヨハネ　それで、次に「眩《まばゆ》い光で目が見えなくなったサウロが、地に平伏《ひれふ》して、イエスの弟子の一人に目を治してもらう」という奇跡《きせき》が起きて回心《かいしん》させた、パウロの「ダマスコの回心」というのがあって、迫害者《はくがい》が伝道者に変わるというような奇跡が、現実に起きたわけです。だから、パウロは霊的《れいてき》体験を経《へ》たということですね。

これは、「死後のイエスが霊界《れいかい》にて活動を開始していた」ということを証明するものだと思うんです。そういうことがなければ、ありえないことですね。世間《せけん》では、〝警察官〟として〝強盗《ごうとう》〟を捕まえていた者が、〝強盗〟のほうに寝返《ねがえ》ったようにしか見えなかったのですから。

つまり、パウロが現実上の世界伝道に取りかかったわけですね。これでキリスト教は事実上の世界宗教になっていくわけですが、「いったん負けたと思われる者が、実は復活して、逆転をかけていく」という、一種の〝聖なるゲーム〟が行われたということです。

ミケランジェロ作
「サウロの回心」
（パオリーナ礼拝堂）
天から啓示を受けたサウロが落馬し、失明するシーン。

このへんの神仕組《かみしく》みというのは、その時点では、人間心《ごころ》でそう簡単には理解できないところがある。

あなたがたでもそうです。この世において敗れたとか、失敗したとか思うようなことがあっても、それが本当の意味での失敗なのか、本当の意味で敗れたことになったのかどうかということは、すぐには分からないことで、時間がたってみないと、何とも言えない部分はあると思いますねえ。

十字架《じゅうじか》上のイエスはエリヤとラファエルを呼んでいたのか

斎藤　「神よ、なぜ、見捨てたまいしか」という言葉について、霊的な面で確認したいことがあります。

ヨハネ様については、大川隆法総裁が事前解説で「非常に霊的な人だ」と推察されていましたし、確かに、「霊的な面で結論が逆転していく」という道もあると思います。

ただ、「イエス様の最期《さいご》の言葉は、弟子の気持ちが託《たく》された言葉であった」というように言われましたが、それとは違う理解が当会の霊言集《れいげんしゅう》のなかに出てきます。「エリ、エリ、レマ、サバクタニ」という言葉を、「エリヤと七大天使のラファエルが呼ばれて来て、昇天《しょうてん》していった」と解釈《かいしゃく》するところがあるのです（『大川隆法霊言全集　第5巻』〔宗教法人幸福の科学刊〕参照）。

ヨハネ様がおっしゃるように、「実際のところ

『大川隆法霊言全集 第５巻
イエス・キリストの霊言』
（宗教法人幸福の科学）

は、弟子の願いでもあった」というのは分かるのですが、そのシーンを霊的な面で見たとき、〝その瞬間〟には何かあったのでしょうか。

ヨハネ　いや、実際に、処刑場にてそういうふうに言っている人もいましたよ。「エリヤとかラファエルを呼んでいるんだ」と言っている人もいました。そういうふうに聞いている人もいました。

斎藤　『聖書』の記述によれば、ヨハネ様は、十二弟子のなかで唯一《ゆいいつ》、十字架《じゅうじか》の場面を見ていたという話もあるのですが、そこにいらっしゃったのですか？

ヨハネ　まあ……、最期には末期《まつご》の水も飲めなかった方ではあるので。

ローマ兵が海綿《かいめん》にぶどう酒を浸《ひた》して口から飲ませようとしても、もう飲めないぐらいの力だったので、大勢の人々に聞こえるような言葉で語ったとは考えられない。まあ、「うわごとのように何か言っているかな」という程度のものであったんだと思うんですよ。

だから、それを、「エリヤ、ラファエルを呼んでいるんだ」と言っているように考えた方もいれば、「主よ主よ、なぜ、われを見捨てたまいしか」というふうに解釈した人もいると思うんです。

エル・グレコ作
「十字架のキリスト」
(国立西洋美術館)
イエスの足下にひざまずくヨハネの姿が描かれている。

現実に、「そういう天使たちは来ていただろう」と、私も思ってはいたんだけれども、死んだラザロとか、亡《な》くなった方を蘇らせた方であるのだから、「せっかく天使が来たのなら、奇跡を起こしてくださってもいいんじゃないか」という気持ちもあったのですけれどもね。

だから、うーん……、そのへんは、複雑な、何とも言えない喪失感《そうしつ》はありましたね。

10　ヨハネが語る「転生輪廻《てんしょうりんね》」

『聖書《せいしょ》』には転生輪廻《てんしょうりんね》を認める記述も遺《のこ》っている

綾織　その後のキリスト教の教えについて、お伺《うかが》いします。

その後、キリスト教においては「転生輪廻《てんしょうりんね》」という考え方がスパッと抜《ぬ》けていくわけですけれども、「福音書《ふくいんしょ》」には、「バプテスマのヨハネはエリヤ●の再来である」というような記述など、部分的に、転生輪廻的なものが見えるところもあります。

●エリヤ　（前9世紀頃）『旧約聖書』に登場するヘブライの預言者。ヤハウェのみを神とすべきと説き、バアル神の祭司らと戦った。

そこで、キリスト教において、転生輪廻という教えの位置づけと、可能であれば、ヨハネ様がこの世に生きていた当時の、その後のご経験をお教えいただければと思いますが、いかがでしょうか。

ヨハネ　まあ、認めていなかったわけではないと思いますけども。年を取った方で、「(転生輪廻を)なかなか信じられない」という人に、「汝《なんじ》、もう一回、生まれ変わらなければ、真実をつかむことができない」というような話をしたときに、「私はこんなに年を取っているのに、今さら、もう一回、母のお腹《なか》に宿って生まれてこいというのは、殺生《せっしょう》なことじゃないか」と言ったみたいな感じの会話も遺《のこ》っておりますので、転生輪廻の思想がなかったわけじゃないし、「古代の偉大《いだい》な預言者《よげんしゃ》たちが繰《く》り返し出てくる」という考え方もあったことはあった。

「異端《いたん》との戦い」のなかで転生輪廻《てんしょうりんね》は否定されたのか

ヨハネ　ただ、キリスト教会をつくってずっと続けていくうちに、「異端《いたん》との戦い」が歴史の大部分を占《し》めていったところがあってね。そうした転生輪廻《てんしょうりんね》を説くのが、ペルシャ系の宗教なんかにもとても多かったし、それから仏教のほうもエジプトまで入ってきてはいましたので、そちらからの影響《えいきょう》も入っておりました。

それで、判断がつかないことについては、とにかく「ノー」と言うような、今のあなたがたの教団とまったく同じ状態になっていたんではないかと思われるんですね。

「新しいことについては『ノー』という判断をする」というのは、凡人《ぼんじん》が束《たば》ねている場合には必ずそうなるのです。会社の雇《やと》われ社長や学校の雇われ校長とかが判断するときに、最初に規則を定めたら、どのように変化があっても、「変化するのはノーだ」と言い続けるようなことがあります。まあ、それも、初期の純粋《じゅんすい》さを保つという意味では役に立つんですけども、勘違《かんちが》いの部分もありますよね。

イスラム教なんかでは、それがさらに強いので、時代の変化に全然ついていけなくて、(人々を) たいへん圧迫《あっぱく》しているだろうと思うんですね。

まあ、これが宗教にとっていいのかどうか分かりませんが、とにかく「異端審問《しんもん》」というのは、「鉄の組織をつくる」ということと裏表《うらおもて》ではありますので、実際上、後世、キリスト教に修正をかけるために出た宗教もあったんでしょうけども、滅《ほろ》ぼしてしまったものがそうとうございます。

だから、キリスト教圏《けん》で生き延びているものは、全部、「キリスト教の一派」というかたちで、やや解釈《かいしゃく》の違いがあるということで成り立っていることはあっても、キリスト教圏でまったくの新宗教というのは出ていないですね。

唯一《ゆいいつ》、キリスト教に影響を受けていながら、教えを受けておりながら、別宗教になったのはイスラム教ただ一つです。これが、イエスの事績や『聖書《せいしょ》』を認めておりながら、別宗教になったのは、おそらく政治・軍事的な力を持ったからであろうと思うんですね。それ以外にはもうありませんので。

キリスト教改革者として生まれるも受け入れられなかった

綾織　その後のご自身の転生《てんしょう》の過程について、明らかにしてくださる部分があるならば、お願いしたいのですけれども。

ヨハネ　ああ、私ですか。私ですかあ……。私、あんまり偉《えら》くないもので、あの……。

斎藤　非常に意外だったのは、『聖書』を読むかぎりでは、イエス様がヤコブ様とヨハネ様の二人兄弟に対しては激《はげ》しい印象を持って「雷《かみなり》の子（ボアネルゲ)」というようなあだ名をつけられていたので、もっと激しい方かなと思っていました。しかし、実際にお話ししますと、とても穏《おだ》やかで、学識豊かで、淡々《たんたん》と信仰《しんこう》を貫《つらぬ》いていくようなイメージもありましたので、過去の歩みでは学術的な部分もあられるのかなとも思いました。

ヨハネ　頭が固かったのはペテロだと思います。ペテロが〝巌《いわお》〟という……、まあ、〝岩〟ですよね。「ペテロの上に教会が建てられるべし」ということで、「巌の上、大きな岩の上、つま

ペルジーノ作「聖ペテロへの天国の鍵の授与」(システィーナ礼拝堂)
主イエスより十二使徒の長として選ばれ、天国の門を開く鍵を与えられる聖ペテロ。聖ペテロ(本名はシモン)はイエスが名付けた名称で、ヘブライ語で「岩」を意味している。

り、盤石《ばんじゃく》の地盤の上に教会を建てる」といったように、いちおう、頑固一徹《がんこいってつ》の方が教会制度のもとになっているわけです。

まあ、私は、今言ったように、「言葉」に非常に反応するタイプであり、「言魂《ことだま》」に反応するタイプの人間ですので、ある意味では、神秘思想系統や、さまざまな呪文《じゅもん》等にもかかわるような、そういうものと関係があるのかなあというふうに……。

金澤　グノーシス派とか、そちらのほうですか。

ヨハネ　うーん……。

●グノーシス派　１世紀頃から始まったキリスト教の分派の一つ。神の秘儀についての直観的認識（霊知）を根本思想とするも、正統教会より異端とされた。

金澤　それとも、バチカン関係で出られたことなどはあるのでしょうか。

ヨハネ　かなり厳しいご質問ですね。まあ、（本霊言《れいげん》を）やる前に予想はしてたのですけども。

キリスト教の、多少の〝変更《へんこう》〟をやろうとして出たことはあるんですけども、見事に、〝退治《たいじ》される側〟に回ったこともございまして（笑）、まあ、難しいですね。そう簡単にはいかないですね。

斎藤　改革者ですか。

ヨハネ　うーん。

斎藤　キリスト教改革者。プロテスタントのほうとか……。

ヨハネ　意外に、早いうちに出たことはあるんですが、受け付けられなかったですね。

「キリスト教の格上げ」をしたかったペテロ

ヨハネ　でも、ペテロには、正直なところもあるんですけどね。

聖書のなかには、ペテロが認識不足だったところとか、イエスの言葉を信じなかったところとか、裏切ったところとかまで正確に書いてありますので……、まあ正直なところはあるんですけども。

（ペテロは）どっちかといえば、弟子《でし》の霊的な部分はあんまり強調したくなかった面があったのかなあと思う。教団の継承《けいしょう》のためにはね。

あと、他の弟子との、いろいろな争いもあったし、特に、マグダラのマリアとの対立が、かなり熾烈《しれつ》だったところがある。

ペテロは、どちらかというと、「何とか、キリスト教の格上げをしたかった」という感じがあったので、この世的に攻《せ》められる弱点の部分を、できるだけ防ぎたかったのかなあというふうには思うんですけど。

まあ、やっぱり、ペテロとやや対立した者もいましたね。

だけど、あれも漁師は漁師なんだけども、たぶん、意外に事務官僚《かんりょう》的な能力はあった方なのかなあという気がしますねえ。

霊的《れいてき》な傾向《けいこう》を持つ宗派《しゅうは》と関係のある転生《てんしょう》を持つヨハネ

綾織　すみません。ご自身のことについてお訊《き》きしたいのですが……。

ヨハネ　ああ、私のことはねえ、もう……。

綾織　転生《てんしょう》としては、中世のカタリ派●とか、そのあたりになりますか。

ヨハネ　うーん、厳しいねえ。厳しいところを攻めてますねえ。だから、うーん……、そうですね、まあカタリ派とかフォックス派とか、い

●カタリ派　12～13世紀、南フランスや北イタリアに広がったキリスト教の一派で、マニ教的な二元論の立場から禁欲的苦行を実践したが、異端とみなされ、十字軍から激しい弾圧を受けた。

ろいろ霊的《れいてき》なものは出てくるのが……。

斎藤　あっ、フォックス派、クエーカーといったほうではないかと……。

ヨハネ　うーん、クエーカーもそう……。

斎藤　クエーカーですか。

ヨハネ　そうですねえ。クエーカーとか、ああいう、やや霊的なものを出してくるあたりには関係があるかもしれませんけども……。

クエーカー（フォックス派）　イギリスの宗教家、ジョージ・フォックス（上／1624～1691）が創始したキリスト教の一派。「真理は魂に語りかける内なる声にある」と考え、内なるキリスト、内なる光による救済を説いた。

斎藤　では、イギリスやアメリカなどの、あちらのほうに……、イギリスですか。

ヨハネ　うーん……、まあ、厳しいですね。

でも、似たような立場の者は、ほかにも世界的にはいろいろございますので、別の立場で出てる者もあるかとは思いますけどもねえ。

金澤　ブラヴァツキー夫人のような方々とは、霊《れい》界《かい》で交流などなさっているんですか。

ヘレナ・ペトロヴナ・ブラヴァツキー
（1831 ～ 1891）
神智学の創唱者。ウクライナ出身で、後にアメリカ国民となり、神智学協会を設立。主著『シークレット・ドクトリン』等。

ヨハネ　ブラヴァツキーかあ……。

斎藤　もちろん、「霊性《れいせい》」「霊能《れいのう》」といいますか、神秘思想というような方向を持った方ですけれども。

ヨハネ　うーん……、彼女については虚々実々《きょきょじつじつ》ございますので。うーん……、どうかなあ。まあ、虚々実々ございますねえ。

真なるものもあるし、そうでないものも入っているようには思うので。

斎藤　分かりました。

ヨハネは現代に転生《てんしょう》しているか

斎藤　では、時間もだいぶ迫《せま》ってきましたのでお伺いしますが、ずばり、現代に生まれていらっしゃいますか。

例えば、先ほど、ペテロが頑固だと言いましたが、現代では、元東大総長の矢内原忠雄《やないはらただお》さんとして生まれていたり（『矢内原忠雄「信仰・言論弾圧・大学教育」を語る』〔幸福の科学出版刊〕参照）、アンデレは現在、アメリカでスピルバーグとして

矢内原忠雄（1893～1961）
経済学者。元東大総長。キリスト者として聖書研究会、雑誌『嘉信』や著作を通して反戦平和を説く。

スティーヴン・スピルバーグ（1946～）
映画監督。「ジョーズ」「未知との遭遇」「E.T.」「シンドラーのリスト」等を指揮。

生まれているという（『項羽と劉邦の霊言　劉邦編――天下統一の秘術』〔幸福の科学出版刊〕参照）、すさまじい転生輪廻《てんしょうりんね》もあったり、福音書のマルコと言われる方は、大川隆法総裁の御尊父《ごそんぷ》としてお生まれになったりと、十二弟子の方々は、現代の日本や世界各地に、さまざまに転生しています。

ヨハネ　うーん……。

斎藤　イエス・キリストの最も側近《そばちか》くにあられたお一人のヨハネ様であれば、そうしたグループの転生計画のなかで、「何か、ご使命あり」と思いますが、いかがでしょう？

ヨハネ　まあ、本当は、「斎藤哲秀として生まれた」と言ってあげたいんだけれども、事実は違うからしかたがない……。

斎藤　（苦笑）いや、「おそらく、若い方のなかにいらっしゃる」というようにお聞きしましたけれども。

ヨハネ　ええ。まあ、そうかもしれませんねえ。

斎藤　それは、例えば、幸福の科学教団と関係する場で、何か、使命がおありだったりするのでしょうか。

ヨハネ　うーん、まあ、そのくらいの年代であれば、教団の、これからの最盛期について語れる立場にあるし、年代的には、次の世代を継《っ》げる年代にもなれるのかなあというふうに思っておりますので。

今の、私たち若い世代が見る大川隆法像と、あなたがたのような、三十年近く前からいる人が見てる「大川隆法像」は、多少違うと思うんですよ。おそらくね。

ですから、あなたがたの頭は、もう、ペテロみたいな頭になってるんでないかと思うんです。

斎藤　すみません。〝ペテロ頭〟で（苦笑）。

ヨハネ　ええ、だから、だいぶ気をつけないと、危険な頭だと思います。

ただ、私たちは、もうすでに、かなり大きな使命を持った幸福の科学、日本全体から世界に伝道をしていこうとする幸福の科学を、スタート点から見ているので、今、〝ペテロ頭〟とは、ちょっと違う頭を持って……。

斎藤　今、非常にリアリティーのある対話がなされていますけど。

ヨハネ　いやあ……（笑）。

斎藤　なんだか、けっこう詳《くわ》しいではありませんか、ヨハネ様。

ヨハネ　ええ、まあ、そう……（笑）（会場笑）。そうですねえ。

斎藤　いろいろと踏《ふ》み込《こ》む必要が……。

ヨハネ　いや、踏み込まないほうが安全かと思いますけど（笑）。

斎藤　いやいや。ぜひ。

ヨハネ　いや。踏み込まないほうが安全。私は「福音書」を書いたんだから、もう、それは、（斎藤に）あなたのポストになることを意味しますからねえ。

斎藤　編集系ですか？

ヨハネ　いやいや。「編集系」に置かれる立場になりやすいか、まあ、「指導系」になりやすいタイプ……。

斎藤　ああ、ソフト系？　だんだん絞《しぼ》れてきました（笑）。

ヨハネ　うん、そういうふうになりやすいタイプになりますからねえ。

斎藤　ああ、なるほど。あまりこれ以上追究しますと、少し〝障《さわ》り〟がありますので。

綾織　はい。ありがとうございます。

ヨハネ　いや、あなたがただって、もう、福音書を書いたぐらいにしていただきたいんじゃないでしょうか。

綾織　ああ、そうですね。はい（笑）。

ヨハネ　でしょ？　でも、実際は、〝戦闘《せんとう》系〟だったりするんでしょう？

綾織　そうですね（笑）。

斎藤　（綾織に向かって）この人は、〝体長十五メートル〟あります（会場笑）

（注。綾織は、以前の宇宙人リーディングにより、過去、体長十五メートルもあるこぐま座の宇宙人であったことが判明している。『こぐま座のタータム1《ワン》星人』〔宗教法人幸福の科学刊〕参照）。

ヨハネ　そうですか（笑）。

11　キリスト教徒、イスラム教徒へのメッセージ

イエスが望んだ宗教とは違《ちが》うかたちになっているキリスト教

綾織　最後に、手短《てみじか》で結構ですので、世界のキリスト教徒に向けて、メッセージを頂ければと思います。

ヨハネ　うーん……、まあ、キリスト教は、ある意味で、ルターの新教のときに、いちおう大イノベーションがあったんですが、結果、新教と旧教がかな

り争ったところもあるとは思います。あと、十字軍等でイスラム教と戦ったこともあって、現在は、イエスが当初望んだような宗教とは違《ちが》うかたちになっているんではないかと思うんですねえ。

それはそれで、隆盛《りゅうせい》を極《きわ》めた国家に広がる宗教として、強者《きょうしゃ》の宗教になってはいる。要するに、今、「弱者の宗教が強者の宗教になっている」という大逆転を起こしているのだとは思うんです。

まあ、ある意味で、それは成功ではあるんだけれども、ある意味では、キリスト教の本質的な、霊的《れいてき》なるものを失っていきつつあるのではないかという気がしてるんですね。

マルティン・ルター（1483 ～ 1546）
ドイツの宗教改革者。ローマ教皇の免罪符発行に反対し、「95 箇条の論題」を発表。福音主義を説き、万人祭司思想を主張した。

エル・カンターレの下《もと》に四大聖人《せいじん》を超《こ》えた教えが説かれている

ヨハネ　だから、今、本当のクリスチャンであれば、「バチカン詣《もう》で」をするよりも、幸福の科学のほうに来ていると思いますね。

霊的な教団自体はほかにもあるかもしれませんが、これだけ霊的にして視野の大きな教団は、今、日本には見当たらないし、世界にも見当たらないものであるので、やっぱり、教えのなかにあるように、「イエスをも超《こ》えた『使命』と『自覚』『悟《さと》り』を持っておられる」というのは、そのとおりなのではないかと思います。

もう、私には、イエスもモーセも仏陀《ぶっだ》も、はるかに超えているレベルまで来ているように見えます。同時代にこれが見えないんだったら、宗教家としては、非常に劣《おと》る資質を持っていると言わざるをえないと思うんですね。

私の場合は、前世《ぜんせ》の〝師匠《ししょう》〟が、短期間の伝道で十字架《じゅうじか》に架かってしまったので、そのあとには、「復活信仰《しんこう》に拠《よ》り所を求めて伝道する」という力仕事を弟子《でし》たちがやらなければならず、その上、ほとんどの弟子たちは、みんな捕《つか》まって十字架に架かっていくような〝あれ〟でありました。それじゃ、まるで、オウム真理教並みの扱《あつか》いであり、そういうふうにはなっていただきたくないので、どうかみなさまが、ご在世《ざいせ》中に、ある程度の使命を果たすところまで行かれることを望みます。

ただ、今、世界的には、政治にかかる部分がとても難しいんじゃないかと思うのです。

キリスト教が「敵」とするもの、キリスト教を信じる国家とそうでない国家との間の「線引き」や「戦い」はかなり難しいし、日本神道《しんとう》なんかでも、今、次第《しだい》にルーツが明らかになりつつあって、やがて、古代ユダヤとの結びつきも出てくると思いますけども。何て言いますか、「世界を一つにすることはできないかもしれないけれども、一つにしたいという願いを持つ宗教家が出てくる」ということは偉大《いだい》なことなのではないかなあと思いますねえ。

ですから、すでに今、エル・カンターレという名の下《もと》に、四大聖人《せいじん》の「釈迦《しゃか》、キリスト、孔子《こうし》、ソクラテス」を超えた教えが説かれているんだということを知ったほうがいいんじゃないでしょうか。その意味でのきっかけは、ずいぶん与《あた》えていると思うんですが、やれるところまでなされたらいいかと思われます。

「四大聖人」と地球規模の思想の出現

釈迦

キリスト

孔子

ソクラテス

幸福の科学では、釈迦・キリスト・孔子・ソクラテスの四大聖人の教えにも通じる、民族や宗派を超えた地球的レベルでの「人類普遍の真理」を説いており、その教えは世界百カ国以上に広がっている。

現代の「キリスト教徒」と「イスラム教徒」に伝えたいこと

ヨハネ　ここまで来たならば、イエスみたいな感じにならずに、どうか、大業《たいぎょう》を成就《じょうじゅ》してくださることをお願い申し上げたいと思っております。

世界のクリスチャンに対しては、「イエスの父が二十世紀末に現れて、二十一世紀以降の新しい時代の指導精神になろうとしていることに、早く気づきなさい」ということを申し上げたいと思うし、イスラム教徒に対しても、「キリスト教とイスラム教の対立は、次なる宗教によって乗り越《こ》えられようとしていることに気づきなさい。キリスト教にも問題は多々あったかもしれないが、実は、イスラム教も、現代の思想のなかでは、もはや、古代魚《こだいぎょ》のシーラカンスのようになっているということを知ったほうがいいと思う。本来の霊的な意味を思い出してください」ということを申し上げたいと思います。

イスラム教の原点はどこにあるか。それは、ムハンマドが伝えた霊言《れいげん》です。それが、「アッラーの言葉」というかたちで理解されて、『コーラン』になって、世界宗教になっております。

幸福の科学の指導原理も、基本的には、『コーラン』型の宗教であることは事実であるので、イスラム教徒には、この宗教のスタイルは、よく理解できるはずだと思うんです。

また、彼らは、「『コーラン』のように、神の言葉をまとめることができた」ということで、キリスト教よりも、自分たちのほうが宗教的には優位にあると考えていると思うんですね。

「キリスト教では、断片的にイエスの教えが遺《のこ》されていても、たいていは言《げん》行録《こうろく》を中心にしたもので、教えの部分の量が非常に少ない。一方で、イスラム教のほうは、神の言葉が全編に貫《つらぬ》かれている」というふうに理解しているのでしょうが、今、その『コーラン』を超えるものが出てきていると考えるべきだと思うので、「素直《すなお》に武器を捨てて帰依《きえ》しなさい」ということです。

「武装して、『転向する者は殺す』などというような宗教は、もう現代には必要がないんだ」ということを知ったほうがいい。

イスラム教の教義として、「必ず死をもって報《むく》いる」という宗教の守り方は問題がありすぎると考えますので、イスラム教に対して、「武装解除」と「女性の解放」を求めたいと考えています。

綾織　はい。ありがとうございます。

本日は、イエス様の真実、また、現代の宗教の真実をお教えいただき、ありがとうございました。

ヨハネ　はい。

斎藤　まことに、ありがとうございました。

ヨハネ　今後、私も、何らかのお手伝いができれば幸いです。

綾織　ありがとうございます。

斎藤　ありがとうございました。

「福音書《ふくいんしょ》のヨハネ」の霊言《れいげん》を終えて

大川隆法　（手を一回叩《たた》く）はい。真面目《まじめ》な方のように思われました。〝後任〟ができそうな雰囲気《ふんいき》でしたね。

斎藤　はい（笑）。

大川隆法　もう、「ペテロよ、さようなら」というようになりそうな感じになってきました。
ただ、このようなことを言うと、すぐに勘違《かんちが》いをして、「斎藤さん（の過去《かこ》世《ぜ》）がペテロだった」などと言う人が大勢出てきますので（会場笑）、言葉はとても難しいですね。

斎藤　若い方のなかには、すごい方が大勢出ていますので。

大川隆法　そうなんですよね。

斎藤　われわれも支援《しえん》させていただき、自己変革に励《はげ》みます。ありがとうございます。

大川隆法　はい。頑張《がんば》ってください（笑）（会場笑）。では、以上です。

あとがき

ヨハネ福音書は、「信仰の福音書」とも呼ばれている。イエスを信じるよう読者を促《うなが》すからである。「信じる行為」は「命」を得させ、「不信」は「死」をもたらすものである。

ヨハネ福音書は、「不信の態度」を「裁《さば》き」と呼んでいる。これは、神が裁《さい》判官《ばんかん》のように「裁く」というよりは、「信じない人々」が自らの「不信」をもって、「自らを裁く」ということである。「信じないこと」そのことが、もうすでに「裁きである」という論理が現代人に分かるであろうか。ヨハネ福音書においては、「罪」とは、ただ一つ、「不信（仰）」のことなのである。

「私は命のパンである。」と語るイエスが、「はっきり言っておく。私の言葉を聞いて、私をお遣《つか》わしになった方を信じる者は、永遠の命を得、また、裁かれることなく、死から命へと移《うつ》っている。」（五・24）と語る時、この「私をお遣わしになった方」の名を「エル・カンターレ」とも言うことを信じるのが、幸福の科学の信仰である。

二〇一五年　一月八日

幸福《こうふく》の科学《かがく》グループ創始者兼総裁《そうししゃけんそうさい》　大川隆法《おおかわりゅうほう》

『福音書のヨハネ イエスを語る』大川隆法著作関連書籍

『キリストの幸福論』（幸福の科学出版刊）
『パウロの信仰論・伝道論・幸福論』（同右）
『自由の革命』（同右）
『スピリチュアル・メッセージ 曽野綾子という生き方』（同右）
『矢内原忠雄「信仰・言論弾圧・大学教育」を語る』（同右）
『項羽と劉邦の霊言 劉邦編──天下統一の秘術』（同右）

※左記は書店では取り扱っておりません。最寄りの精舎・支部・拠点までお問い合わせください。

『大川隆法霊言全集 第5巻 イエス・キリストの霊言』（宗教法人幸福の科学刊）
『こぐま座のタータム1星人』（同右）

福音書《ふくいんしょ》のヨハネ イエスを語《かた》る

2015年1月16日　初版第1刷

著　者　大《おお》川《かわ》隆《りゅう》法《ほう》

発行所　幸福の科学出版株式会社
〒107-0052 東京都港区赤坂2丁目10番14号
TEL(03)5573-7700
http://www.irhpress.co.jp/
印刷・製本　株式会社 東京研文社

ISBN978-4-86395-632-2 C0014
写真：The Book of John,Inc. and The Gospel of John Ltd./ライフ・クリエイション
アフロ／haru/PIXTA／Benoit Daoust／Godot13／Romain DUBOI

大川隆法 霊言シリーズ・キリスト教の真髄に迫る

キリストの幸福論

失敗、挫折、苦難、困難、病気……。この世的な不幸に打ち克つ本当の幸福とは何か。2000 年の時を超えてイエスが現代人に贈る奇跡のメッセージ!

1,500円

イエス・キリストに聞く「同性婚問題」

性と愛を巡って

時代の揺らぎか? 新しい愛のカタチか? 同性婚や同性愛は、果たして宗教的に認められるのか――。天上界から語られる、イエスの衝撃のメッセージ。

1,400円

パウロの信仰論・伝道論・幸福論

キリスト教徒を迫害していたパウロは、なぜ大伝道の立役者となりえたのか。「ダマスコの回心」の真実、贖罪説の真意、信仰のあるべき姿を、パウロ自身が語る。

1,500円

※表示価格は本体価格(税別)です。

大川隆法 霊言シリーズ・キリスト者たちが熱く語る！

南原繁「国家と宗教」の関係はどうあるべきか

戦時中、『国家と宗教』を著して全体主義を批判した東大元総長が、「戦後70年体制からの脱却」を提言！ 今、改めて「自由の価値」を問う。

1,400円

矢内原忠雄「信仰・言論弾圧・大学教育」を語る

幸福の科学大学不認可は、「信教の自由」「学問の自由」を侵害する歴史的ミスジャッジ！ 敬虔なクリスチャンの東大元総長が天上界から苦言を呈す。

1,400円

内村鑑三「信仰・学問・迫害」を語る

プロフェッショナルとしての信仰者の条件とは何か？ 近代日本にキリスト教精神を打ち立てた内村鑑三が、「信仰論」と「伝道論」を熱く語る！

1,400円

※表示価格は本体価格（税別）です。

大川隆法 霊言シリーズ・クリスチャン作家・言論人に訊く

スピリチュアル・メッセージ 曽野綾子という生き方

辛口の言論で知られる保守系クリスチャン作家・曽野綾子氏。歴史認識問題から、現代女性の生き方、自身の信仰観までを、守護霊が本音で語る。

1,400円

公開霊言 山本七平の新・日本人論 現代日本を支配する「空気」の正体

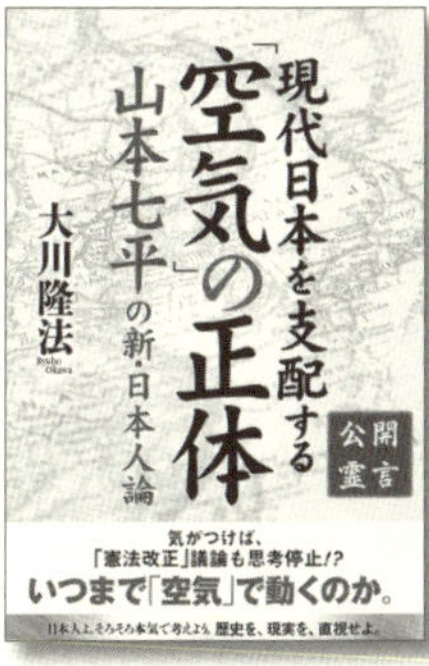

国防危機、歴史認識、憲法改正……。日本人は、なぜ正論よりも「空気」に支配されるのか。希代の評論家が、日本人の本質を鋭く指摘する。

1,400円

トルストイ ──人生に贈る言葉

トルストイに平和主義の真意を訊く。平和主義が、共産主義に取り込まれたロシア（旧ソ連）の悲劇から、日本の反原発運動の危険性が明らかに。

1,400円

幸福の科学出版

中東で何が起こっているのか

公開霊言 ムハンマド／アリー／サラディン

イスラム教の知られざる成り立ちや歴史、民主化運動に隠された「神の計画」。開祖、四代目カリフ、反十字軍の英雄が、イスラム教のめざすべき未来を語る。

1,600円

ムハンマドの幸福論

西洋文明の価値観とは異なる「イスラム世界」の幸福とは何か？ イスラム教の開祖・ムハンマドが、その「信仰」から「国家観」「幸福論」までを語る。

1,500円

世界紛争の真実

ミカエル vs. ムハンマド

米国（キリスト教）を援護するミカエルと、イスラム教開祖ムハンマドの霊言が、両文明衝突の真相を明かす。宗教対立を乗り越えるための必読の書。

1,400円

※表示価格は本体価格（税別）です。

大川隆法「法シリーズ」・最新刊

智慧の法

法シリーズ
第21作

心のダイヤモンドを輝かせよ

現代における悟りを多角的に説き明かし、
人類普遍の真理を導きだす――。
「人生において獲得すべき智慧」が、
今、ここに語られる。
著者渾身の「法シリーズ」最新刊

2,000円

第１章　繁栄への大戦略
――一人ひとりの「努力」と「忍耐」が繁栄の未来を開く
第２章　知的生産の秘訣　――付加価値を生む「勉強や仕事の仕方」とは
第３章　壁を破る力　――「ネガティブ思考」を打ち破る「思いの力」
第４章　異次元発想法　――「この世を超えた発想」を得るには
第５章　智謀のリーダーシップ　――人を動かすリーダーの条件とは
第６章　智慧の挑戦　――憎しみを超え、世界を救う「智慧」とは

幸福の科学出版

大川隆法シリーズ・最新刊

時間よ、止まれ。

女優・武井咲とその時代

国民的美少女から超人気女優に急成長する武井咲を徹底分析。多くの人に愛される秘訣と女優としての可能性を探る。前世はあの世界的大女優!?

1,400円

マキャヴェリ「現代の君主論」とは何か

リアリズムなき平和主義への警告

危機の時代を生き抜くために必要なリーダーとは? 徹底的な現実主義を説いた政治思想家が、戦後平和主義から抜け出せない日本に警鐘を鳴らす。

1,500円

実戦起業法

「成功すべくして成功する起業」を目指して

起業を本気で目指す人、必読! 事業テーマの選択や人材の養成・抜擢の勘所など、未来の大企業をつくりだす「起業論」の要諦が、この一冊に。

1,500円

※表示価格は本体価格(税別)です。

大川隆法シリーズ・**最新刊**

アリストテレスはかく語りき

万学の祖に訊く「学問の原点」

形骸化しつつある現代の学問に、いま再び真理の息吹を――。万学の祖・アリストテレスは、「学問の未来」をどのように考えるのか。

1,500円

ヘーゲルに聞いてみた

ドイツ観念論哲学の巨人が「現代」を語る

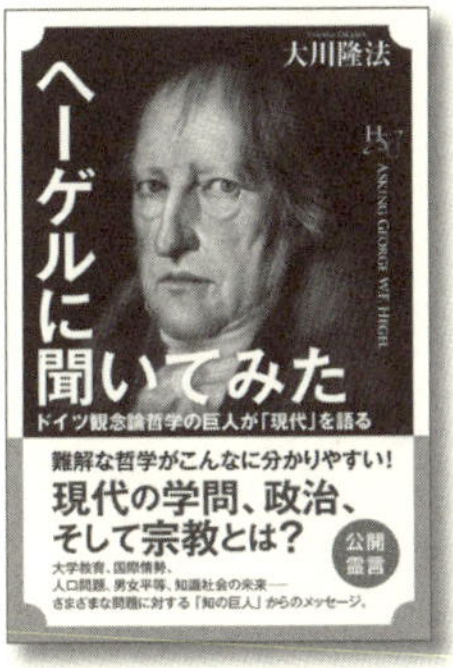

大学教育、国際情勢、人口問題、知識社会の未来……。現代が抱える諸問題について、ドイツ観念論哲学の大成者が縦横無尽に答える。

1,500円

マックス・ウェーバー「職業としての学問」「職業としての政治」を語る

宗教と社会の関係を論じた大学者は、現代の学問や政治を、どう考えるのか？ 創始者本人が語る「社会学」の全体像とその真意。

1,500円

幸福の科学出版

幸福の科学グループのご案内

宗教、教育、政治、出版などの活動を通じて、地球的ユートピアの実現を目指しています。

宗教法人　幸福の科学

一九八六年に立宗。一九九一年に宗教法人格を取得。信仰の対象は、地球系霊団の最高大霊、主エル・カンターレ。世界百カ国以上の国々に信者を持ち、全人類救済という尊い使命のもと、信者は、「愛」と「悟り」と「ユートピア建設」の教えの実践、伝道に励んでいます。

（二〇一五年一月現在）

愛

幸福の科学の「愛」とは、与える愛です。これは、仏教の慈悲《じひ》や布施《ふせ》の精神と同じことです。信者は、仏法真理をお伝えすることを通して、多くの方に幸福な人生を送っていただくための活動に励んでいます。

悟り

「悟り」とは、自らが仏の子であることを知るということです。教学《きょうがく》や精神統一によって心を磨き、智慧《ちえ》を得て悩みを解決すると共に、天使・菩薩《ぼさつ》の境地を目指し、より多くの人を救える力を身につけていきます。

ユートピア建設

私たち人間は、地上に理想世界を建設するという尊い使命を持って生まれてきています。社会の悪を押しとどめ、善を推し進めるために、信者はさまざまな活動に積極的に参加しています。

国内外の世界で貧困や災害、心の病で苦しんでいる人々に対しては、現地メンバーや支援団体と連携して、物心両面にわたり、あらゆる手段で手を差し伸べています。

年間約３万人の自殺者を減らすため、全国各地で街頭キャンペーンを展開しています。

公式サイト **www.withyou-hs.net**

ヘレン・ケラーを理想として活動する、ハンディキャップを持つ方とボランティアの会です。視聴覚障害者、肢体不自由な方々に仏法真理を学んでいただくための、さまざまなサポートをしています。

公式サイト **www.helen-hs.net**

INFORMATION

お近くの精舎・支部・拠点など、お問い合わせは、こちらまで！

幸福の科学サービスセンター

TEL. 03-5793-1727（受付時間 火～金：10～20時／土・日：10～18時）

宗教法人 幸福の科学 公式サイト happy-science.jp

教育

学校法人 幸福の科学学園

学校法人 幸福の科学学園は、幸福の科学の教育理念のもとにつくられた教育機関です。人間にとって最も大切な宗教教育の導入を通じて精神性を高めながら、ユートピア建設に貢献する人材輩出を目指しています。

幸福の科学学園

中学校・高等学校（那須本校）
2010年4月開校・栃木県那須郡（男女共学・全寮制）
TEL **0287-75-7777**
公式サイト **happy-science.ac.jp**

関西中学校・高等学校（関西校）
2013年4月開校・滋賀県大津市（男女共学・寮及び通学）
TEL **077-573-7774**
公式サイト **kansai.happy-science.ac.jp**

ハッピー・サイエンス・ユニバーシティ（HSU）
TEL **03-6277-7248**（HSU準備室）

仏法真理塾「サクセスNo.1」 TEL **03-5750-0747**（東京本校）

小・中・高校生が、信仰教育を基礎にしながら、「勉強も『心の修行』」と考えて学んでいます。

不登校児支援スクール「ネバー・マインド」 TEL **03-5750-1741**
心の面からのアプローチを重視して、不登校の子供たちを支援しています。
また、障害児支援の**「ユー・アー・エンゼル!」運動**も行っています。

エンゼルプランV TEL **03-5750-0757**
幼少時からの心の教育を大切にして、信仰をベースにした幼児教育を行っています。

シニア・プラン21 TEL **03-6384-0778**
希望に満ちた生涯現役人生のために、年齢を問わず、多くの方が学んでいます。

NPO 活動支援

学校からのいじめ追放を目指し、さまざまな社会提言をしています。また、各地でのシンポジウムや学校への啓発ポスター掲示等に取り組む一般財団法人「いじめから子供を守ろうネットワーク」を支援しています。

ブログ **blog.mamoro.org**
公式サイト **mamoro.org**
相談窓口 **TEL.03-5719-2170**

政治

幸福実現党

内憂外患《ないゆうがいかん》の国難に立ち向かうべく、二〇〇九年五月に幸福実現党を立党しました。創立者である大川隆法党総裁の精神的指導のもと、宗教だけでは解決できない問題に取り組み、幸福を具体化するための力になっています。

党員の機関紙
「幸福実現NEWS」

TEL 03-6441-0754
公式サイト hr-party.jp

出版 メディア 事業

幸福の科学出版

大川隆法総裁の仏法真理の書を中心に、ビジネス、自己啓発、小説など、さまざまなジャンルの書籍・雑誌を出版しています。他にも、映画事業、文学・学術発展のための振興事業、テレビ・ラジオ番組の提供など、幸福の科学文化を広げる事業を行っています。

アー・ユー・ハッピー?
are-you-happy.com

ザ・リバティ
the-liberty.com

幸福の科学出版
TEL 03-5573-7700
公式サイト irhpress.co.jp

THE FACT

ザ・ファクト
マスコミが報道しない
「事実」を世界に伝える
ネット・オピニオン番組

Youtubeにて
随時好評配信中!

ザ・ファクト　検索

入会のご案内

あなたも、幸福の科学に集い、
ほんとうの幸福を
見つけてみませんか？

幸福の科学では、大川隆法総裁が説く仏法真理をもとに、
「どうすれば幸福になれるのか、また、
他の人を幸福にできるのか」を学び、実践しています。

入会

大川隆法総裁の教えを信じ、学ぼうとする方なら、どなたでも入会できます。入会された方には、『入会版「正心法語」』が授与されます。（入会の奉納は1,000円目安です）

ネットでも**入会**
できます。詳しくは、
下記URLへ。
happy-science.jp/joinus

三帰《さんき》誓願《せいがん》

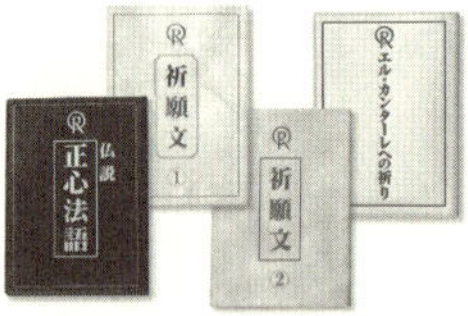

仏弟子としてさらに信仰を深めたい方は、仏・法・僧の三宝への帰依を誓う「三帰誓願式」を受けることができます。三帰誓願者には、『仏説・正心法語』『祈願文①』『祈願文②』『エル・カンターレへの祈り』が授与されます。

植福《しょくふく》の会

植福は、ユートピア建設のために、自分の富を差し出す尊い布施の行為です。布施の機会として、毎月1口1,000円からお申込みいただける、「植福の会」がございます。

「植福の会」に参加された方のうちご希望の方には、幸福の科学の小冊子（毎月1回）をお送りいたします。詳しくは、下記の電話番号までお問い合わせください。

月刊
「幸福の科学」

ザ・伝道

ヤング・ブッダ

ヘルメス・
エンゼルズ

INFORMATION	幸福の科学サービスセンター TEL. 03-5793-1727（受付時間 火〜金：10〜20時／土・日：10〜18時） 宗教法人 幸福の科学 公式サイト happy-science.jp